FÃ DE CARTEIRINHA

NOME

DATA DE NASCIMENTO   /   /

LOCAL

FÃ DE

SOU FÃ!
E AGORA?

FRINI GEORGAKOPOULOS

SOU FÃ!
E AGORA?

UM LIVRO PARA QUEM
É APAIXONADO POR HISTÓRIAS

Copyright © 2016 by Frini Georgakopoulos

O selo Seguinte pertence à Editora Schwarcz S.A.

Grafia atualizada segundo o Acordo Ortográfico da Língua Portuguesa de 1990, que entrou em vigor no Brasil em 2009.

CAPA E PROJETO GRÁFICO Ale Kalko
ILUSTRAÇÕES Pedro Piccinini (ícones) e Shutterstock
PREPARAÇÃO Nathália Dimambro
REVISÃO Márcia Moura e Renata Lopes Del Nero

Dados Internacionais de Catalogação na Publicação (CIP)
(Câmara Brasileira do Livro, SP, Brasil)

Georgakopoulos, Frini
  Sou fã! E agora? : um livro para quem é apaixonado por histórias / Frini Georgakopoulos. — 1ª ed. — São Paulo : Seguinte, 2016.

  ISBN 978-85-5534-015-1

  1. Ficção juvenil I. Título

16-04845   CDD- 028.5

Índice para catálogo sistemático:
1. Ficção: Literatura juvenil   028.5

[2016]
Todos os direitos desta edição reservados à
EDITORA SCHWARCZ S.A.
Rua Bandeira Paulista, 702, cj. 32
04532-002 — São Paulo — SP
Telefone: (11) 3707-3500
Fax: (11) 3707-3501
www.seguinte.com.br
www.facebook.com/editoraseguinte
contato@seguinte.com.br

Introdução 13

PRIMEIRA PARTE: Jovem romance ou romance jovem? 15
YA? É de comer?! 16
Young At Heart 24
Temas jovens: de hoje, ontem e sempre 26
Angústia jovem 32
Vai ter clichê, e se reclamar vão ter vários! 38
A Teoria dos Dois Gatinhos 40

SEGUNDA PARTE: Por que amamos as histórias 47
De Hogwarts até a esquina de casa 48
Maldade é apenas um ponto de vista 52
O heroísmo não está morto 58
Conflitos, tensão e salve-se quem puder 62
No ritmo do virar de página 66
O poder das entrelinhas 70
Até que o autor nos separe 72

TERCEIRA PARTE: Eu e o livro, o livro e eu 77
Dez coisas que eu odeio em um livro 78
Trilha sonora literária 82
Perdoe-me, matei um livro 86
Confissões de um livro 90
Preconceito literário 94
Obrigada, autor 100

QUARTA PARTE: A jornada do fã **105**

Sou fã! E agora? 106

Quando o livro ou o seriado não
é mais o suficiente? FANFICTION! 108

Com que roupa eu vou? De Cosplay, claro! 118

Um livro, um fã e um microfone 124

Bienal Internacional do Livro: você está preparado? 134

Ser fã também é pagar mico em grupo 140

Eu blogo, tu twittas, ele vloga 146

Nossa voz 154

Agradecimentos **156**

Recomendações de leitura **158**

INTRODUÇÃO

Vamos começar colocando todas as cartas na mesa: você é fã e ninguém tem nada com isso.

Nem aquela sua tia mala que fica toda hora "Por que você gosta tanto dessa atriz? Vai namorar alguém de verdade".

Nem o seu irmão que teima em soltar uns 'Não adianta ficar suspirando... Não existe gente assim na vida real!".

Nem os seus amigos, que simplesmente não entendem que não dá pra ir pra balada porque é o final da temporada do seriado e você *tem* que ver, ou vai tomar spoiler!

Esquenta não. Você não está sozinho nessa!

Sou apaixonada por personagens fictícios e tenho relacionamentos sérios com vários deles (plural!). Simultaneamente. #NÃOMEARREPENDODENADA Sei que você também tem e que, provavelmente, gostamos dos mesmos. Tudo bem, não sou ciumenta.

E se você está com este livro nas mãos, sabe exatamente do que estou falando. Rola o sentimento de desolação quando o seu personagem favorito morre, *hashtags* de torcida para o seu ator preferido conquistar um prêmio, e o peito aperta e a respiração fica mais tensa quando um show da sua banda do coração se aproxima.

Você já tá balançando a cabeça e pensando "NOSSA! É ISSO MESMO!", né?

Pois é, somos fãs! Mas e agora?

primeira parte

jovem romance ou romance jovem?

*Veja em:
https://youtu.be/
rMweXVWB918*

Escolhi dedicar a primeira parte do livro à literatura YA porque foi com ela que meu lado FANático começou a aflorar.

Em um de seus vídeos, o autor John Green definiu superbem o que é ser nerd: segundo ele, ser nerd quer dizer que nós somos empolgados com artes e pessoas reais e/ou fictícias. Nós gostamos muito de alguma coisa bacana e não devemos ter medo de expressar nosso amor. Ou seja, além de nerds, somos fãs.

Há algum tempo, ser fã significava ser exagerado, fanático. Ser nerd também era sinônimo de ser antissocial, esquisito e pateta. Hoje, ser fã é quase que padrão, e ser nerd é DEMAIS! Até porque se você não é fã de nada, nadinha que seja... parece que você é um navio sem bússola, à deriva, sem ter para onde ir e razão para chegar lá.

Ser fã é admirar algo além de nós com tanto fervor que nos faz querer ser uma pessoa melhor. Ser fã é ter sentimentos reais por personagens fictícios porque enxergamos neles características que admiramos, que buscamos. E se isso também nos leva a ser nerd, ÓTIMO!!!

John Green é um autor YA. A sigla YA (pronunciada *uai-ei*) quer dizer Young Adult, ou seja, literatura jovem adulta. Muito já se divagou sobre o que isso quer dizer. Listo abaixo algumas conclusões:

1) Os protagonistas das obras são adolescentes.
2) Os leitores são adolescentes (em corpo ou espírito ou ambos).
3) Os temas abordados são os que rondam a adolescência, como perda da virgindade, identificação/ orientação sexual, *bullying*, depressão, formação de caráter, escolha de carreira, pressão familiar e na escola... Basicamente a nossa vida desde que nos entendemos por gente!
4) É apenas uma maneira de classificar os livros nas livrarias para que pais e professores saibam o que estão comprando (e fiquem de olho no que estamos lendo).
5) Todas as respostas acima juntas e misturadas.

Eu particularmente VE-NE-RO a literatura jovem adulta. Quando ela é lida durante a adolescência, gera uma identificação, um fortalecimento. É como se fosse um espelho que não julga, mas nos coloca para refletir. Faz sentido? Acho que faz.

Essas histórias que se passam em época escolar são extremamente nostálgicas. É como se, através delas, pudéssemos colocar nossa vida, nossas paixões (de hoje ou de ontem) em perspectiva, sabe? Como se pudéssemos fazer e ser o que quiséssemos, independente da idade.

Quando somos adolescentes, tudo o que queremos é crescer logo para estudar o que gostamos (XÔ, FÍSICA!) e ter nosso próprio dinheiro. E essa literatura, quando lida depois dessa fase, é uma delícia, pois faz relembrar as coisas boas. Ao mesmo tempo, porém, alguns aspectos ruins da adolescência ainda podem nos afetar. E tudo bem. Se conseguimos identificar o que ainda nos fere fica mais fácil aprender a lidar e até resolver. Viu? E você achando que só livro de autoajuda faria a diferença? Todo livro ajuda, inclusive YA!

O.K., JÁ SABEMOS O QUE É YOUNG ADULT, MAS E NEW ADULT?

New Adult é meu gênero favorito depois do YA. Ele traz personagens um pouco mais velhos e, consequentemente, os temas seguem a idade dos protagonistas: se dar bem na faculdade e nos primeiros empregos, encontrar o amor, se aceitar como é etc. Ah! E com cenas mais *calientes*! #HOTHOTHOT Adoro New Adult porque sinto como se fosse o próximo passo depois de YA, sabe? Existem vários livros excelentes nesse gênero, mas minha autora favorita é Colleen Hoover (LEIAM!) e adoro o livro *Easy* da Tammara Webber. As duas já passaram pelo Brasil e se amarraram em nós, fãs brasileiros!

É possível, sim, tirar força e coragem das páginas de um livro. Quando li *O apanhador no campo de centeio*, de J. D. Salinger, fiquei apaixonada. Não só porque a narrativa de Salinger é sensacional, mas porque Holden era angustiado exatamente como eu era. Me identifiquei com ele e entendi que o que estava passando era normal e que as coisas iam melhorar. Ou que eu ia melhorar para encarar as coisas. Ler o livro foi como ir a uma cartomante que me falasse "Relaxa, querida, vai dar tudo certo". Só que com um pouco mais de credibilidade. Estranho, né?

Uma vez, minha avó me disse que o livro *O pequeno príncipe* muda de significado de acordo com a idade em que lemos. E realmente acontece, porque, por mais que a história de um livro seja imutável, quando a lemos em épocas diferentes não somos mais o mesmo leitor e vamos interpretá-la, senti-la de maneira diferente. Mas isso não acontece só com *O pequeno príncipe*. Durante algumas releituras eu cheguei a pensar "Nossa! Como é que eu gostei tanto desse livro quando li?", e outras vezes "Entendi por que amei esses personagens, e ainda amo".

Quando um autor escreve um livro, ele conta a história como acha melhor, mas não tem tanto controle sobre como cada leitor vai interpretar. Isso porque, depois que o livro chega à prateleira, cada um de nós preenche as lacunas da narrativa com nossos medos, anseios, vontades, vivências, paixões. E o livro se torna mais nosso. E como nós mudamos ao longo da vida, a narrativa também. Não importa se a história é a mesma: nós não somos.

Nota aleatória: quando li O apanhador no campo de centeio, foi a primeira vez que conheci o nome Phoebe, que é a irmã do protagonista. Sim, isso foi MUITO antes de Friends existir. Enfim, a personagem é um amor, mas toda vez que aparecia, eu lembrava da embalagem daquele sabonete PHEBO. HAHAHAHA! Que nome de personagem você pronunciava MUITO errado e só descobriu depois? Anota aqui!

METAMORFOSE AMBULANTE

Com o passar do tempo, nós mudamos muito como leitores — e como fãs. Preencha abaixo sua metamorfose!

DO QUE EU ERA
(OU VOU SER)
FÃ COM...

- **10 ANOS**
- **15 ANOS**
- **20 ANOS**
- **25 ANOS**
- **30 ANOS**
- **40 ANOS**
- **50 ANOS**
- **60 ANOS**
- **70 ANOS**
- **80 ANOS**

AMOR ETERNO, AMOR VERDADEIRO

E DO QUE VOCÊ É FÃ
HÁ MUUUUUITOS ANOS,
E ESSE AMOR
NUNCA MUDOU?

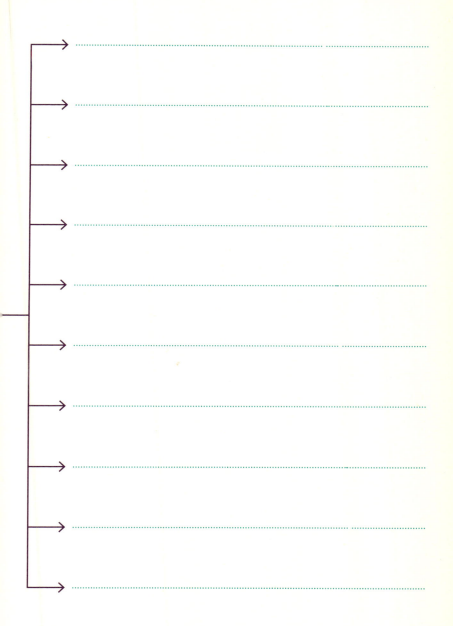

YOUNG AT HEART

Além de ser um gênero literário, acredito que YA é um estado de espírito, uma filosofia de vida. Lá nos Estados Unidos, tem rolado uma discussão sobre rebatizar o gênero como YAH, ou Young At Heart (literalmente, "jovem de coração", ou seja, jovem de espírito). Esse debate é motivado pela percepção geral de que muitos leitores de YA são adultos, não jovens. Mas se o termo foi criado apenas para designar a estante onde o livro estará na livraria ou os temas abordados, por que tanto teretetê sobre quem lê?

Segundo um artigo bem polêmico publicado nos Estados Unidos, adultos deveriam se sentir envergonhados de lerem livros escritos para crianças e adolescentes. Sério? Sério mesmo? Não faz o menor sentido alguém se sentir envergonhado de ler qualquer coisa! Achar que adultos não devem ler YA é o mesmo que achar que HQs são só para crianças. Mas quem defende isso argumenta que adultos deveriam achar a narrativa YA muito simplória e buscar leituras mais

"Against YA", escrito por Ruth Graham e publicado na revista on-line Slate em junho de 2014.

desafiadoras. Concordo que desafiar nosso gosto literário é uma excelente forma de descobrir novos gêneros, autores e livros, mas para isso não é preciso depreciar nada. O adulto pode ler o que quiser — e se ele quiser ler YA, contos de fadas, HQs, autoajuda, biografias ou o escambau, ele não só pode como deve!

Então por que o preconceito com YA? O mercado literário está repleto de autores e títulos que fazem tanto sucesso que estão virando filmes (de igual sucesso). Como isso pode ser algo ruim se significa que mais pessoas — independente da idade — estão lendo? Existem livros YA repletos de clichês e com tramas simplórias? Sim, mas não devemos generalizar. Há livros simplesmente essenciais na estante de qualquer pessoa que são do gênero jovem adulto. Além dos livros que citei e ainda vou citar aqui, outros exemplos são *Fale*, da Laurie Halse Anderson, e *Mentirosos*, da E. Lockhart, dois livros que trazem uma carga dramática muito pesada, tratando de abuso, de perda de identidade e de traumas que marcam e mudam a vida. Isso levando em consideração apenas a história de cada um. Quando falamos do estilo narrativo, a coisa fica ainda mais séria, porque ambos são dignos de serem analisados, de ter seus elementos de estilo estudados.

E, sinceramente, embora YA busque refletir momentos e situações da juventude, não é documentário, é ficção! Nós, como leitores, não buscamos viajar nas histórias? Então por que com YA seria diferente? Por que sentir vergonha de ler esse gênero tão rico em temas e sensações?

Assim como adultos não precisam ter vergonha de ler YA, também não precisam ter vergonha de ser fã. E quando o lado fã aflora, não basta curtir e acompanhar o seriado ou assistir ao filme, é preciso se tornar o mais próximo possível daquilo que adoramos. YA é uma forma de escapismo, de nostalgia, de se deliciar com livros jovens que têm sim seu mérito literário. E mesmo se uma história for apenas uma história, se ela nos faz sentir algo já não serviu seu propósito?

TEMAS JOVENS:
DE HOJE, ONTEM E SEMPRE

A literatura jovem adulta aborda uma ampla gama de temas característicos da adolescência, que norteiam a formação do caráter do futuro adulto. Entre eles estão como lidar com o famoso *bullying*, ceder ou não à pressão dos amigos para tomar decisões estúpidas, ousar ser autêntico quando o mais fácil é ser igual aos demais, questionar como será o futuro e muito mais. A adolescência é uma época de "primeiras vezes", de experimentação, o que é perfeitamente normal, e ler sobre esse período em páginas que trazem uma protagonista interessante é uma ótima maneira de lidar com essa turbulenta fase de extremos.

Mas a verdade verdadeira mesmo é a seguinte: a adolescência é a época mais louca da vida!

Primeiro, porque é uma das épocas em que mais se sofre preconceito. Ou vai dizer que nunca ouviu alguém falar "Ah, mas a dona Fulana tá estressada porque é mãe de adolescente"? Ou viu a cara de alguém se contorcer toda quando falam "Tenho um filho adolescente"? Pessoalmente, acho isso um absurdo! Na boa, é a época com mais mudanças e em que somos menos compreendidos!

Quando a gente pega um livro YA para ler, sendo adolescente ou não, a sensação é de botar as coisas no eixo. É como se estivéssemos vendo a nossa vida — ou frações dela — de fora, podendo examinar melhor cada aspecto.

Li um livro sensacional chamado *À procura de Audrey*, da Sophie Kinsella. Audrey tem catorze anos e foi diagnosticada com transtorno de ansiedade e episódios depressivos, ambos decorridos do *bullying* que sofreu. Isso mexeu muito comigo! Já sofri *bullying* na escola, mas como sempre fui da pá virada, me virei bem. Mas nem todo mundo é assim e só consigo imaginar como deve ser difícil não ter como se defender ou não saber como fazer isso. E o apoio dos amigos, dos parentes e professores é essencial! Ao ler *À procura de Audrey*, entendi um pouco mais como as cicatrizes dessa maldita prática afetam não só quem sofre, mas a família da vítima. E os caquinhos depois nem sempre se encaixam.

Tive a oportunidade de falar com Sophie Kinsella sobre essa escolha de tema para seu livro — já que ela é a rainha do *chick lit* e esse foi o primeiro romance YA que escreveu — e ela disse uma coisa muito bacana:

"**Minhas heroínas sempre se metem em confusões complicadas, mas sempre dão um jeito de sair delas. Audrey, embora seja a mais jovem, é a que enfrentou os problemas mais sérios. Mas ela se saiu muito bem, mantendo o bom humor mesmo quando o assunto era tão sombrio.**"

E eu pensei: "É exatamente isso!". Não só porque é possível ver isso no livro, mas porque Audrey perdeu o chão ao longo da história, mas não a consciência de quem era. Ela sabia muito bem do que tinha medo e a razão desse pânico, mas não encontrava a maneira de lidar com tudo isso e, aos poucos, com a ajuda externa, foi achando seu caminho.

E não precisa passar por *bullying* ou ter a idade da personagem para se identificar com o que ela passou. Acho que YA, mais do que qualquer outro gênero, nos causa empatia. Lembramos do que passamos ou ainda estamos passando. Até porque alguns temas continuam a nos cercar mesmo depois de ingressarmos na fase adulta.

Que temas você gosta de encontrar na literatura jovem adulta? E quais você sente falta que sejam tratados?

ANGÚSTIA JOVEM

Quando eu era adolescente, a pior coisa que ouvi do meu pai quando tirei uma nota alta foi: "Não faz mais do que a sua obrigação". Ou, quando estava muito estressada por causa das provas, ele dizia: "Frini, sua única preocupação é estudar".

Oi?

Como?

Única?

Tudo bem que eram quatrocentas e trinta e duas matérias e meia! Mas e a festa da Ana? E se o Rafael ia me ligar ou não? E se a Mariana tinha uma nova melhor amiga? E as tendências da moda que estavam mudando e meu guarda-roupa e meu quadril não concordavam? E as escolhas para a faculdade? E...

Sacou o drama? Se identificou? E olha que na minha época não tinha redes sociais, tá? Imagina ser adolescente agora? Tem que ser muito guerreiro para aguentar tanta angústia!

Um dos fatores mais complicados e comuns da adolescência, aliás, é a angústia jovem (tradução do inglês *teen angst*). Quando levado ao extremo, esse tipo de sentimento pode se tornar realmente grave, causando até depressão. Mas, por outro lado, a angústia jovem também tem sua parte emocionante: é ela que alimenta amores platônicos, que cria um frio na barriga antes do primeiro beijo ou de uma grande viagem, que faz a gente suar frio quando está chegando perto daquele show por que esperamos a vida toda — é, enfim, aquela ansiedade que antecede as primeiras grandes escolhas.

Quando vivemos isso na adolescência, tudo é gostoso e, ao mesmo tempo, apavorante, necessário e... angustiante! Quando acompanhamos algum personagem sentindo esse frio na barriga, bate a nostalgia e dá para curtir ainda mais, ou porque lembramos como era ou porque ainda estamos passando por isso.

Uma das razões que me fazem amar a literatura jovem adulta é a angústia jovem. É um tema, ou melhor, um *tom narrativo* que eu adoro. Passei por um perrengue tenso quando acabei de ler um romance que devorei simplesmente por causa da *angst* envolvida entre a protagonista e os dois gatinhos (vou falar sobre esse termo mais para a frente). Li no Kindle e achei que era um livro só. Conforme ia chegando aos 90% da leitura (o Kindle marca onde você está no livro por porcentagem), comecei a ficar nervosa (do tipo nada legal). Como poderia estar tão perto do fim do livro se a protagonista não se resolveu e a angústia dela está lá no topo?

Quando cheguei aos 97%, entrei em pânico! Achei que o livro tinha vindo pela metade! Quando terminei, me frustrei: eram quatro livros e quando li o primeiro, ele tinha acabado de ser lançado — ou seja, havia uma looooonga espera até o segundo (agora já li todos, e a série é da Maggie Stiefvater, A Saga dos Corvos — recomendo MUITO! A história vai muito além do dilema de que quem vai ficar com a mocinha. É maravilhosa! Tá, parei!).

E o pior disso tudo — ou será que seria o melhor? — é que não rolou nem um beijinho no primeiro livro! A promessa do beijo (que, aliás, é cercado por uma "maldição" nessa história), da decisão, das consequências me fez ler bem rápido e sentir um frio na barriga toda vez que um dos gatinhos falava alguma coisa especial. E lá estava eu viciada na angústia jovem novamente.

E por que será que amamos tanto esse tipo de angústia? Não

acho que é apenas nostalgia, mas a sensação de possibilidade, de se jogar no desconhecido, em um amor proibido, de quebrar regras por uma boa razão.

Vale lembrar que nem toda angústia gostosa de sentir é necessariamente jovem. Tipo, na série Perdida, da brasileira Carina Rissi (que eu amo de paixão!), algumas cenas entre Sofia e Ian me deixaram histérica! Não quero dar spoilers — e obviamente são cenas cheias de spoilers —, mas digo apenas que as cenas em questão mostravam dois personagens apaixonados que estavam afastados por falhas na comunicação. E isso me deixava angustiada e literalmente gritando com o livro. Foi um festival de "AI MEU DEUS NÃO FAZ ISSO PELO AMOR DO SENHOR!" e "FALA O QUE QUER DIZER! FALA LOGO, MULHER!". Meu marido só ria, porque já me conhece e me aceita louquinha como sou. Coitado!

Outro exemplo de angústia — que pode ser identificada aqui e no exemplo acima também como uma tensão sexual ou romântica, ou algo por aí — foi na trilogia As Peças Infernais da Cassandra Clare. O que é o triângulo amoroso Will-Tessa-Jem, pessoas??? Surtei BO-NI-TO com esses livros e foi a primeira vez que não consegui escolher entre os dois gatinhos.

Enfim, acho que a tal da angústia jovem é um elemento para lá de interessante porque ela povoa a nossa vida dentro e fora das páginas. Quem nunca sentiu aquele frio na barriga quando a pessoa que gostávamos entrava na sala ou chegava na festa? Claro que nem todo mundo tem dois gatinhos apaixonados por nós e lutando pela nossa atenção. Alguns têm até mais do que isso *PAUSA PARA O HAHAHAHAHAHA COLETIVO*.

Mas sério, sabemos o que é nos apaixonar e mesmo que já estejamos comprometidos e felizes, lembrar desse friozinho na barriga é uma delícia! E os encontros e desencontros? Podemos chorar e sofrer com todos eles — sejam nas páginas ou nas telas —

sem nos preocupar com nosso próprio coração. Ele está bem, está batendo e só o nosso lado fã sofre, porque é fictícia essa angústia. Mas não quer dizer que não seja real.

Então me conta,
de qual livro — ou cena —
de angústia jovem
você mais gostou?
Qual marcou mais?

VAI TER CLICHÊ, E SE RECLAMAR VÃO TER VÁRIOS!

Controverso e necessário, o gênero YA passa como um tsunami na vida de leitores de diversas idades por inúmeras razões, mas basta uma para entender esse fascínio: todos somos, seremos ou já fomos adolescentes. E a adolescência tem seus clichês que amamos odiar, não é mesmo? Como o gênero que espelha essa época poderia ser diferente? Listei alguns aqui para a gente se divertir:

1) A protagonista é uma menina que não é popular, mas se destacará na história.
2) A protagonista é *badass* mas também tem suas fragilidades.
3) A protagonista tem uma melhor amiga que é MUITO MAIS LEGAL do que ela. Geralmente é mais espevitada, fala o que pensa e é mais curvilínea (porque no geral a protagonista é magra demais ou um pouco acima do peso e a coadjuvante é mais "gostosa"). Por que é assim eu não sei ao certo. Acho que rola uma divisão na hora de escrever, tipo, "o que eu queria ser + o que será esperado/ aceito pelos leitores ÷ 2".
4) Protagonistas "escolhidos": aqui rola um "você é bruxo-sereia-lobisomem-fada e tem uma profecia que você precisa combater ou todos vamos morrer e o mal vai reinar para todo o sempre". Sentiu o drama, né?
5) Pais convenientemente ausentes (fisicamente ou só omissos mesmo) para deixar o protagonista livre, leve e solto para tocar o terror nas próximas duzentas páginas.

6) Instalove. Pra ser amor instantâneo tem que ser muito bem escrito ou fica muito psicopata, sabe? Mas pode ser divertido mesmo assim.

7) Vírus que mata (quase) todo mundo ou mistério indecifrável que, é claro, só os adolescentes poderão resolver e salvar a humanidade.

8) A vilã, ou antagonista, é a menina popular e visualmente perfeita, mas que tem uma personalidade podre e falta de caráter. Nesse momento rola um desabafo dos autores. Algumas autoras que já tive o prazer de conhecer, como Kiera Cass e Meg Cabot, sofreram *bullying* quando jovens ou conheceram meninas não tão legais na escola e decidiram colocar em suas antagonistas características daquelas queridinhas que feriram sua autoestima. Pra você ver como dói e marca sofrer assim! E ainda tem gente que acha *bullying* frescura. Absurdo define!

9) E CLARO que tem a minha parte favorita e para a qual eu criei uma teoria especial: os dois gatinhos. E é exatamente aqui que muita leitora fica "AI MEU DEUS! SOU FÃ DOS DOOOOOOIS!". Eu sei... Eu também, colega!

39

A TEORIA DOS DOIS GATINHOS

Um dos grandes dilemas das protagonistas dos livros da literatura jovem adulta é a escolha entre os famosos dois gatinhos: os dois garotos que disputam o coração da moça. Geralmente um deles é considerado o *bad boy*, impulsivo e até perigoso, enquanto o outro é o comportado, bom moço e ótimo partido. Como decidir entre dois rapazes incríveis? Eis o dilema dos dois gatinhos.

Vamos exemplificar: Stefan e Damon Salvatore. *PAUSA DRAMÁTICA PARA SUSPIROS E GRITINHOS* Esses dois disputam o coração — e o sangue — da bela Elena, protagonista da série Diários do Vampiro (leve em consideração os livros de L. J. Smith, não o seriado). Enquanto Stefan está sempre ao lado de Elena, zelando por ela, Damon é o diabinho em seu ombro, tentando atraí-la para o "lado Damon da Força". Mas como escolher? Aliás, pra que escolher? Segundo Jean Grey, de *X-Men 2* (agora falo do filme), as garotas flertam com o perigo, mas casam com os bonzinhos. Mas por que então esse nosso fascínio pelos dois gatinhos, principalmente pelo *bad boy*?

Respondo: porque um Stefan se apaixona, mas um Damon precisa ser conquistado. E quando isso acontece, é inebriante a sensação de que um cara sem regras decidiu mudar seu caminho para ficar ao seu lado.

Mas aí o terreno é minado. Existe uma linha tênue entre personagem metido a perigoso e inconsequente e aquele que controla tudo o que a mocinha faz, podendo partir para a violência — física ou psicológica. Isso não é ser *bad boy*, é ser abusivo e é importante ter essa distinção clara na nossa cabeça de leitor.

Existem vários livros por aí que idealizam esse gatinho abusivo e isso é muito complicado, mas ao mesmo tempo a presença desses personagens faz com que o assunto seja discutido. Relacionamentos abusivos, infelizmente, podem acontecer em qualquer idade, então é importante que eles estejam retratados no universo literário YA para que, de alguma forma, o leitor entenda como lidar com a situação caso passe por ela. Sabendo que existe fica mais fácil identificar quando isso acontece na vida real e pular fora ou buscar ajuda. Ignorância não é bom pra ninguém, nem dentro nem fora das páginas, né? Mas quando o assunto é personagem abusivo, muita calma nessa hora! O gatinho pode ser incrível, mas NUNCA vale a sua submissão.

Já vi várias leitoras suspirando por personagens que uma hora abusam física e psicologicamente das protagonistas e em outra, quando a briga acalma, cantam para elas ou recitam poesia e fica tudo bem. Isso não é legal. Mas literatura também é escapismo e se você curte esse tipo de personagem, se joga! Porém, tenha sempre em mente esse limite entre realidade e fantasia.

Claro que nem sempre os dois gatinhos são opostos em personalidade. Em *A Seleção*, por exemplo, temos um guarda e um príncipe disputando o coração da protagonista. Ambos são nobres de coração e em suas intenções, mas com atitudes diferentes — o que complica ainda mais a escolha (olha o título do livro aí!).

ALGUNS EXEMPLOS DE DOIS GATINHOS:

- Cam (*bad boy*) e Daniel (um verdadeiro anjo) de Fallen
- Dimitri (nobre e forte) e Adrian (impulsivo) de Academia dos Vampiros (EXCELENTE série, *by the way*!)
- Edward (vampiro) e Jacob (lobisomem) de Crepúsculo (que todo mundo critica, mas adora! Eu também!)
- Will e Jem de Peças Infernais. O primeiro é impulsivo e com seus mistérios e o segundo é um bom moço de saúde frágil (e eu sou a Tessa porque não dá pra escolher, minha gente!)
- Gale e Peeta em Jogos Vorazes. Confesso que foi a única vez que não tomei partido porque sou #TEAMKATNISS, mas a galera tem seus preferidos!
- E se for falar de TV, meu trio preferido fica com Buffy, Angel e Spike: a caça-vampiros, o vampiro malvadão que se apaixona e o vampiro com alma que será eternamente seu amor proibido. A-DO-RO!

Isso só pra citar alguns, mas já deu pra notar o padrão, né?

E é assim que esse dilema dos dois gatinhos tempera perfeitamente a ebulição de hormônios que é a literatura jovem adulta, fazendo mulheres mais maduras suspirarem até hoje. Romance é bom demais, e saber que na literatura não precisamos escolher é melhor ainda!

Aproveita a empolgação e lista aqui os livros que te fizeram suspirar em dobro! Quais as histórias vividas por dois gatinhos que conquistaram (e dividiram) seu coração?

segunda parte

por que amamos as histórias

DE HOGWARTS
ATÉ A ESQUINA DE CASA

Pensa no bairro onde mora. Agora pensa no bairro onde seus amigos moram. E agora na galera da escola, do trabalho, do blog. Lugares bem diferentes, né? Mas tenho certeza que, independente da distância física, muitos já se encontraram em Hogwarts, em Panem, no Acampamento Meio-Sangue ou em Illéa.

A cada história, podemos ir para uma escola de magia onde as escadas mudam de lugar e os quadros conversam entre si. Podemos, também, enfrentar monstros — sejam eles fantásticos ou metafóricos — e sair em busca de um anel para a todos governar. Podemos, ainda, encontrar um mundo mágico no fundo de um guarda-roupa, nos apaixonar por vampiros e anjos em cidades pequenas, lutar em um reality show sangrento de um futuro distópico e desvendar mistérios em uma realidade alternativa. Também não podemos deixar de lado grandes cidades reais com jovens que lutam contra um regime totalitário.

Sem sair do lugar, podemos ir para mundos diferentes ou iguais ao nosso, com apenas outro ponto de vista. Podemos voar em espaçonaves e máquinas do tempo, atravessar a rua no Rio de Janeiro ou em Nova York.

A cada livro, um mundo diferente nos espera. Diferente porque nos é contado pelos olhos e palavras do autor, que pode até estar do nosso lado na rua, mas tem uma perspectiva própria. E essa perspectiva muda tudo.

O mais legal é que, quando terminamos de ler um livro, enxergamos o mundo fora da página de outra maneira. Eu tive a oportunidade de ir para Londres e te conto uma coisa: para uma fã de Harry Potter, Peças Infernais, Jane Austen, Sherlock Holmes e Shakespeare, foi um prato cheio! Fiquei admirada com os lugares onde os filmes e seriados foram gravados; com a reconstrução moderna do The Globe, teatro onde as peças de Shakespeare foram encenadas; além dos lugares citados nos livros, como a Blackfriars Bridge — "UAU! Jem e Tessa se encontraram aqui!".

Parece coisa de gente louca, mas é incrível! Depois de ler algo que realmente nos tocou, passar pelo local citado — mesmo que seja uma cidade que você já conhece ou até mesmo a esquina da sua casa — traz uma nova dimensão ao mundo concreto. Meio que um poder X-Men, sabe? O poder do fã, que nos leva além das fronteiras físicas.

Se o livro nos leva para Hogwarts ou para o outro lado da rua, não importa. O importante é a viagem e como voltamos diferentes dela.

CONTE AQUI QUAIS OS DESTINOS LITERÁRIOS QUE VOCÊ MAIS GOSTARIA DE CONHECER OU QUE TE MARCARAM MAIS.

MALDADE É APENAS UM PONTO DE VISTA

Quem disse essa frase foi Anne Rice, autora de vários livros, entre eles *Entrevista com o vampiro*. Quando penso nessa frase, me lembro das minhas aulas de teatro e de roteiro e da conversa que tive com um dos professores sobre vilões. O professor explicou:

> "O vilão não se vê como vilão. Para ele, ele está certo do que quer, do que está fazendo. É o herói, o mocinho, que o impede de conquistar o que deseja."

E isso me fez refletir muito. Realmente, ninguém acorda pela manhã e pensa "Uau, como sou má! Acho que vou sair tocando o terror por aí!". Claro que vilões também não são chamados assim só porque são incompreendidos. Se um herói é aquele que faz o que é certo, o que é necessário, apesar do medo e das consequências para si, o vilão faz o que é preciso para *ele*, não importa as consequências para os *outros*.

Seriam todos os vilões narcisistas e egoístas? Talvez. Talvez eles sejam a manifestação mais forte do lado sombrio que todos nós temos. E acho que exatamente por isso os vilões prendem tanto a nossa atenção, seja em contos de fadas ou histórias contemporâneas.

Existe vilão maior do que a Morte (assim, com M maiúsculo)? Ela nos separa de quem amamos, nos toma o bem mais precioso — o tempo —, é imbatível e completamente natural. Podemos adiar o confronto, nos proteger, mas em algum momento ela vai ganhar. Mas será que não é uma vilã necessária?

É difícil falar de vilões sem entrar no grande porquê de eles serem como são. Alguns têm um passado difícil, outros são cruéis por prazer. E outros são apenas inseguros e fazem mal às pessoas como forma de autoproteção.

Vou dar um rápido exemplo em Harry Potter (já deu pra notar que sou fã, né? Pois é.). Voldemort é considerado o grande vilão da história, mas lá pelas tantas conhecemos Grindelwald. Ambos são mega-vilões-super-malvados-pra-caramba, com algo em comum, mas ao mesmo tempo completamente diferentes!

Voldemort é fruto de uma obsessão de sua mãe bruxa com um trouxa (para quem ainda não conhece Harry Potter — o que acho levemente absurdo —, esse é o termo para pessoas não mágicas). Voldemort foi concebido sob efeito de uma poção do amor, abandonado pelo pai antes mesmo de nascer, veio ao mundo em 31 de dezembro — o último dia do ano, sempre recebido com festa, mas também o dia mais solitário do ano quando não se tem a quem amar ou quem nos ame — e perdeu a mãe pouco tempo depois, nunca sendo realmente amado por ela. Tudo o que Voldemort quer é erradicar pessoas como o pai, trouxas e sem magia. Ele nada mais é do que um cara que tinha potencial, mas escolheu se render ao "lado sombrio da Força" e seguir a vingança contra todos os semelhantes ao pai. Típico mimimi de supervilão recalcado.

Já Grindelwald era melhor amigo de Alvo Dumbledore. Os dois

53

eram excepcionalmente inteligentes e sonhavam muito grande. Queriam um mundo igualitário, no qual bruxos seriam os governantes e não precisariam ser mantidos em segredo dos trouxas. Mas a que custo? Foi quando as coisas passaram de "luta por igualdade" para "tirania" que Dumbledore derrotou Grindelwald e o aprisionou.

O grande "pulo do gato" nessa história é o seguinte: Voldemort vai atrás de Grindelwald para descobrir o paradeiro da Varinha das Varinhas, que como o nome mesmo diz, é a varinha mais poderosa de todos os tempos. Já que ambos são vilões e que querem uma hegemonia, poderiam se unir, certo? ERRADO! HAHAHA! Grindelwald disse NA CARA de Voldemort que sabia onde estava a varinha e que não contaria. Fato que Voldinho se livrou de Grindy na torre mega-blaster-alta na qual estava preso, mas ele morreu fiel a Dumbledore, entendendo que o "sonho" pelo qual lutara não era o certo a seguir.

De qualquer forma, foi uma batalha de vilões essencial para mostrar que a maldade é sim um ponto de vista, uma escolha. Mas mesmo sendo eles tão malvados, por que será que nos fascinam tanto?

Esta é uma pergunta que sempre terá uma resposta diferente para cada vilão, para cada leitor e para cada momento. E o que essa resposta diz a nosso respeito?

E, independente do que diz a nosso respeito, já notou como é longa a lista de personagens maus mega amados? Tipo, eu não leio quadrinhos, mas perco a capacidade de formar frases coerentes quando Loki — interpretado por Tom Hiddleston — entra em cena em *Thor* ou *Os Vingadores*. Gente, me joga na parede e me chama de minion! Espetáculo! Bora conquistar o mundo junto, lindão!

O HEROÍSMO NÃO ESTÁ MORTO

Falamos de vilões, mas e os heróis? Não digo exatamente super-heróis, com superpoderes e tal, nem aqueles heróis clássicos mitológicos, mas daquele protagonista falho, nem sempre honesto, mas movido a fazer o que é certo.

Na literatura, temos todos os tipos de heróis, mas um dos meus preferidos é o anti-herói. Ele é um protagonista moderno, longe de ser ideal, muito pelo contrário. Ele tem falhas e hesita em ingressar em sua jornada, mas não consegue negar por muito tempo o "chamado". Ele é aquele personagem gente como a gente: correto, mas não perfeito. E é nessas falhas que, na minha opinião, se encaixa a magnitude do herói.

Se você tem muito a perder, se tem medo de dar o próximo passo, mas mesmo assim segue adiante, não é ainda mais incrível do que alguém destemido? Abrir mão do conforto pelo bem dos outros — que nem sempre significa o melhor para você —, sentindo medo de fazer isso mas fazendo mesmo assim não é quase divino?

Pra mim é. E ler histórias com personagens assim me faz querer mergulhar no livro e abraçar todos e sussurrar: "Você não está sozinho. Estou contigo até a última página. Vamos seguir juntos!".

Anti-heróis estão sempre em conflito: com eles mesmos, com outros, com a situação. E isso é cansativo, frustrante, mas incrível de ler, de sentir! Dá para imaginar a respiração deles acelerar diante de uma provação, as lágrimas caírem, as mãos as enxugarem com raiva, e, apesar de tudo, continuarem seguindo em frente.

Um exemplo de anti-herói que amo demais é Severo Snape. Ou vai falar que ele — apesar de todos os defeitos — não foi corajoso? Cruel como professor, egoísta, preconceituoso, obcecado por um amor não correspondido, Snape tentou fazer a coisa certa por vias tortas. No fim, se redimiu. Snape é o meu personagem favorito em Harry Potter não só por ser um anti-herói, mas por ser tão falho e tão fascinante. Na vida real, seria complicado de lidar, mas na ficção... Ah, que delícia ler cenas com ele!

ALGUNS TIPOS DE HERÓI

O HERÓI IDEAL

Virtuoso e perfeito, esse herói tem todas as características que todos gostaríamos de ter. Ele é forte física e psicologicamente, inteligente, destemido, gentil, altruísta. É... Bem, ideal. Geralmente encontramos esse tipo de herói em contos de fadas ou histórias épicas, como *Rei Arthur e Os Cavaleiros da Távola Redonda*.

O HERÓI DO DIA A DIA

Estava no lugar errado, na hora errada e se meteu em uma situação que acabou fazendo dele um herói. Não queria fama e fortuna, só queria sair vivo. Esse tipo de herói é de fácil identificação porque é o mais próximo de nós e o menos ideal. Katniss Everdeen é um exemplo.

Também existe o herói-ancião (tipo Gandalf, que já lutou suas batalhas e agora está mais para mestre), além de muitos outros.

GALERIA DE HERÓIS

Quais são os seus maiores heróis, reais ou fictícios?

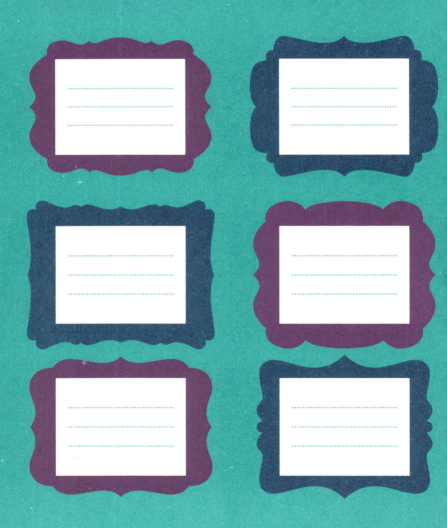

CONFLITOS, TENSÃO
E SALVE-SE QUEM PUDER

Personagens interessantes e uma ambientação incrível. O.k. Mas o que move esses personagens? O que os faz espumar de raiva ou suspirar de amor?

Todas as histórias têm conflitos, sejam eles internos ou externos, e são esses conflitos que movem a narrativa. A literatura ficcional — qualquer que seja — é o espelho de nossos conflitos na pele dos outros. Falamos sobre isso lá atrás quando tocamos em angústia jovem e em temas abordados na literatura YA. Ao acompanhar personagens lidando com situações — sejam elas fantásticas ou corriqueiras —, conseguimos entender melhor a nossa própria vida.

Um dos livros cujo conflito me marcou muito foi *Por lugares incríveis*. Theodore Finch, o protagonista, é bipolar, mas só entende sua condição no meio do livro, depois de mais de dezesseis anos de sofrimento, de altos e baixos, de depressão e de se sentir diferente de tudo e de todos. Embora eu não sofra dessa condição, às vezes acho que sinto demais e que transbordo esses sentimentos na leitura, na escrita. Acho que todo leitor "de carteirinha" se sente um pouco assim em algum momento, não é?

Agora imagine passar por esses momentos sozinho: a frustração, a constante insatisfação, a angústia.

E Finch é brilhante! Tem uma sensibilidade ímpar, é um poeta do dia a dia, é uma mente realmente incrível com um coração — perdão o clichê — de ouro! E não vou entrar no final do livro, porque é uma leitura maravilhosa e não quero estragar. Mas quis exemplificar esse capítulo com a jornada dele porque Finch é um perfeito anti-herói que vai ser julgado por nós, leitores. E embora pareça injusto, isso é necessário para que possamos entender as nossas escolhas, os nossos posicionamentos, os nossos conflitos.

O conflito de Finch é com ele mesmo e talvez esse seja um dos mais difíceis de vencer e o mais comum.

E dica master para quando você for ler *Por lugares incríveis* (porque sim, você vai ler porque é incrível! É só uma questão de tempo mesmo, vai por mim!): caixinha de lenços, não termine o livro fora de casa ou com algum compromisso marcado. É FATO que a maquiagem vai escorrer e seu rostinho ficará inchado de tanto chorar. O livro é fantástico assim! E se você já leu, sabe exatamente do que eu estou falando! Toca aqui! *HIGH FIVE*

Além do conflito interno, conhecido também como Homem *vs.* Si, a literatura também traz outros tipos de conflitos: Homem *vs.* Homem, Homem *vs.* Natureza e Homem *vs.* Sociedade. O primeiro seria protagonista contra antagonista, como Harry Potter contra Lord Voldemort. Um exemplo legal de Homem *vs.* Natureza é *Perdido em Marte*. No livro, o protagonista precisa lutar para sobreviver num planeta estranho sem suprimentos suficientes (o vilão é o ambiente). E o terceiro conflito é como a jornada de nossa querida Katniss Everdeen de Jogos Vorazes, que se transforma no símbolo de uma revolução contra um governo totalitário, quando tudo o que ela queria era sobreviver para salvar sua família (eita personagem sensacional!).

Uma mesma obra pode apresentar vários tipos de tensão e são eles que tornam a narrativa tão intrigante, que nos fazem questionar nossos próprios problemas. Acho o máximo como podemos achar nas entrelinhas subconflitos tão importantes. Por exemplo, em Jogos Vorazes, além de ir contra a sociedade, Katniss também tem conflitos internos e com outros personagens.

A cada obra, as páginas se assemelham mais e mais ao nosso dia a dia e isso é incrível! Não vivemos apenas um conflito e ter noção disso é como poder enxergar além das águas turvas. A literatura tem esse poder de jogar luz na realidade, de nos fazer entender como podemos nos tornar pessoas melhores. E também de simplesmente nos entreter com conflitos desafiadores.

NO RITMO DO VIRAR DE PÁGINA

Um fator é muito importante para todas as histórias serem envolventes: o ritmo da narrativa. Cada história tem um tempo para ser contada e isso pode parecer mero detalhe, mas é essencial para o transcorrer da trama.

Tá achando estranho? Então imagina se aquele vídeo do seu youtuber favorito tivesse, em vez de dez minutos, quarenta e cinco. QUE SACO! Mesmo sendo fã, quarenta e cinco minutos direto não ia rolar. Assistir vários vídeos de menos de dez minutos poderia render o dia inteiro (e muitas gargalhadas), mas um de quarenta e cinco sobre o mesmo tema, ARGH, que coisa maçante! Então, o mesmo vale para o ritmo de uma narrativa literária.

No teatro grego e em várias peças de Shakespeare, a história se passa no intervalo de um a três dias (a trama, não a encenação da peça, tá?). Esse pouco tempo torna a narrativa mais tensa. E essa informação era de conhecimento do público, o que ajudava na catarse, que seria como uma explosão de sentimentos com a ação. Um exemplo disso é a agonia e a tristeza que o público/ leitor sente ao final de *Romeu e Julieta*, de Shakespeare, e a revolta em *Édipo Rei*, de Sófocles.

Mas deixa eu explicar melhor a catarse: sabe quando você está lendo um livro e as situações parecem descrever emoções que você já sentiu na vida? Ou quando os personagens ficam juntos e você suspira como se o seu coração fosse explodir de felicidade?

Ou quando o personagem morre e você fisicamente sente um pedacinho do seu coração se partir? Prazer, o nome disso é catarse. Para o filósofo Aristóteles, a catarse se refere à purificação das almas por meio de uma descarga emocional provocada por um drama (tanto para o personagem quanto para o leitor/ público). Intenso, né? E para fangirls e fanboys, depois da catarse ainda temos outra descarga emocional extrema: quando o livro acaba e ansiedade define nossa vida enquanto esperamos pelo próximo volume da série! Tá sorrindo agora, né? Você já passou por isso e vai passar outras vezes. Estamos juntos nessa, parceiro!

Mas nem toda história precisa se passar em pouco tempo para emocionar. Gabriel García Márquez nos encantou com gerações da mesma família em *Cem anos de solidão*, pois para contar a tragédia dos Buendía era preciso muito tempo na narrativa, de modo que o leitor realmente entendesse o drama dos personagens. Já em *Graffiti Moon*, de Cath Crowley, a história acontece em uma noite, pois os personagens já se conheciam, mas são os acontecimentos dessa única noite que vão determinar o seu futuro.

Não existe uma regra quando o assunto é o ritmo da narrativa, desde que seja coerente com a história. Na hora de ler, o que vale mesmo é se deixar levar nesse movimento delicioso e viciante que é o virar de páginas. Mas, ao fechar o livro, é importante identificar o que o autor fez para controlar nossa atenção. Às vezes não gostamos de um livro justamente por causa do ritmo — ou a falta dele. Engraçado como essa cadência no contar da história tem um papel tão determinante, não é?

Você já parou pra pensar em quanto tempo se passam as suas histórias favoritas? Anota aqui!

HISTÓRIA	**DURAÇÃO**

O PODER DAS ENTRELINHAS

Tenho um segredo pra contar pra vocês. Chega mais pertinho, mas não fica vesgo, hein! É o seguinte... eu sou mega apaixonada por personagens fictícios e isso nós temos em comum. O.k. Mas sabe uma coisa que eu descobri e que acho que influencia e muito esse lado fã? Os elementos de estilo.

É uma coisa que, quando a gente percebe — tanto nas entrelinhas quanto em enquadramentos dos seriados e filmes —, o coração bate mais forte porque eles funcionam como pistas, sabe? Aí é fácil pensar "AI MEU DEUS! O FULANO QUE EU AMO TANTO VAI MORRER ANTES DO FINAL DO LIVRO! ALGUÉM AJUDA!".

Eu explico.

Algumas vezes ignorados e muitas vezes não reconhecidos, os elementos de estilo são a impressão digital do autor e um tesouro a ser descoberto por nós, leitores.

Um dos meus elementos preferidos é o prenúncio (em inglês, *foreshadowing*). O prenúncio é quando o autor prepara o leitor para o que está por vir, mas faz isso com uma dica escondida nas entrelinhas. É como uma caça ao tesouro e você pode prestar atenção à pista ou não, mas só o fato de ela estar ali ajuda a não nos sentirmos traídos quando o autor fizer algo que não esperávamos.

Em *Mentirosos*, E. Lockhart desenvolve uma história jovem, de romance, mistério, nostalgia e com uma reviravolta sensacional no fim que não funcionaria se ela não tivesse feito uso do prenúncio.

Não quero revelar o final do livro aqui — até porque ele é incrível e se falar estraga —, mas dicas como a presença e a ausência de personagens em certas cenas indicam a grande virada que a autora vai dar. Mudanças sutis em comportamento e cenário indicam muita coisa e tudo isso pode ser considerado prenúncio. Assim, quando nossa cabeça explode pela revelação final, não pensamos "FALA SÉRIO! ELA FEZ ISSO DO NADA!". Muito pelo contrário! É o suficiente para o quebra-cabeça fazer sentido.

Outro elemento de estilo muito interessante é a metáfora. E metáfora em literatura infantil e de terror é igual a confete no Carnaval: tem aos montes! Por exemplo, a transformação de um homem em lobisomem pode ser considerada uma metáfora do lado primitivo que todos temos. A transformação em si é uma metáfora sobre ignorar a razão e se deixar tomar pelo instinto.

A metáfora é prima da alegoria, só que a primeira é utilizada para elementos isolados enquanto a segunda se refere ao texto por completo. Por exemplo, *Chapeuzinho Vermelho* pode ser uma alegoria do amadurecer de uma jovem — o caminho pela floresta, o encontro com o Lobo Mau e a cor da capa teriam significados metafóricos sobre o amadurecimento.

E esses são só alguns dos inúmeros elementos de estilo e figuras de linguagem que autores utilizam para enriquecer o texto. São maneiras de dizer muito mais além da história, mas sem ser didático, sem ter que explicar. Ao incluírem esse tempero em suas histórias, os autores nos conduzem por um caminho riquíssimo, mas depende de cada um de nós desvendar por completo. É um desafio e tanto!

ATÉ QUE O AUTOR NOS SEPARE

Tá. Agora é o momento mais complicado deste livro. Chegou a hora de a gente incorporar a Meryl Streep e o Al Pacino que moram dentro de cada um de nós, lembrar dos personagens que nós amamos e que foram cruelmente assassinados pelos autores, levantar as mãos aos céus e gritar:

"POR QUÊÊÊÊÊÊÊÊÊ?!"
PUXA FÔLEGO
"POR QUE VOCÊ TEVE QUE LEVÁ-LO DE MIIIIIIIIIIM? O QUE EU FIZ PARA MERECER ESSA DOOOOOOOOR? COMO VOU VIVER AGORAAAAAAA?! AAAAAAHHHHHHHHHH!"

Se você for fã do George R. R. Martin, pode gritar mais um pouquinho que a gente espera!

Deu para sentir o drama, né? Pois é. Eu tenho uma lista gigapower de personagens por quem sou apaixonada e que morreram e tenho certeza absoluta de que você também tem. Estaremos sempre de luto por vários deles, certo? E quando adaptam para o cinema ou TV e, além de imaginar a morte deles, *assistimos*? Não sei quem é pior: o autor que matou ou a gente que se flagela ao assistir mesmo sabendo o que vai rolar.

Vamos conversar sobre isso.

Quando somos fã de alguma coisa, é mega normal nos apoderarmos dela como se fosse real. E acho que um dos pontos que mais define a nossa jornada de fã é a hora que tiram isso da gente. E não estou falando da nossa mãe que chega com o famoso "Larga esse livro e vai estudar" ou do nosso pai "Desliga esse computador e vai dormir" ou do irmão "Fala sério, ainda está fazendo maratona desse seriado?". Não. Estou falando de quando o criador do nosso personagem, do nosso amado personagem por quem nos apaixonamos ou por quem sentimos uma afinidade como se fosse parte da nossa família, o liquida. E não estou falando de liquidar no sentido "corre que tá na promoção", mas no sentido de matar, assassinar, destruir o sentido de nossas vidas!

Levanta a mão (mas não deixa o livro cair) quem já chorou copiosamente ao ler/ assistir a morte de um personagem! #TAMOJUNTO

É MUITO tenso esse momento, mas infelizmente é necessário. Os personagens não morrem do nada. Sempre existe um motivo: ou é porque sua morte vai desencadear uma sequência de situações para o protagonista resolver, ou porque é necessário para o herói crescer, para a protagonista voltar a andar no caminho certo ou até porque o defunto tinha se corrompido e não podia chegar ao final da história ileso.

São infinitas as razões da nossa dor, mas ela só prova uma coisa: quando amamos, amamos meeeeeeesmo. A solução? Reler o livro e pular essa parte. Se você não leu, não aconteceu!

Desaba aqui e me conta os personagens que, ao falecerem entre páginas, te levaram às lágrimas.

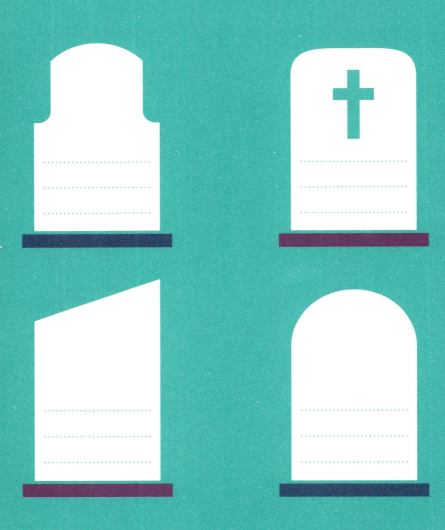

terceira parte

eu e
o livro,
o livro
e eu

DEZ COISAS QUE EU ODEIO EM UM LIVRO

1. Odeio quando te quero tanto, tanto, mas você ainda está na cabeça do autor, que teima em não te terminar.
2. Odeio quando desejo, com todas as forças, que seus personagens sejam reais.
3. Odeio quando você me deixa com sono, já que viro noites atracada contigo, virando página atrás de página.
4. Odeio quando você é publicado em outros idiomas e demora para eu te conhecer.
5. Odeio quando alguém diz que ama você mais do que eu, porque, fala sério, isso é impossível.
6. Odeio quando te transformam em filmes e não te respeitam no processo.
7. Odeio saber que existe tanta gente no mundo que não sabe ler e portanto não te conhece.
8. Odeio quando você é parte de uma saga, porque quero ler tudo ao mesmo tempo agora.
9. Odeio não poder estar contigo a cada momento do dia.
10. Odeio te amar tanto e não conseguir te odiar nem um pouco.

Texto inspirado no poema declamado em uma cena pra lá de linda do filme Dez coisas que eu odeio em você *(1999).*

Liste tudo
o que você "odeia"
em um livro.

TRILHA SONORA LITERÁRIA

Trilha sonora é algo essencial na minha vida. Sou daquelas que se arrepiam com letras incríveis e se emocionam com músicas fortes. Músicas me inspiram a escrever, a criar novas histórias, cenas e personagens. Pra mim, a trilha sonora é importante para transformar momentos bons em inesquecíveis — sejam eles reais ou fictícios. E com os livros que leio não é diferente.

De vez em quando, me vejo associando livros, cenas ou personagens a músicas de que gosto. Nem sempre as músicas são populares, mas na minha cabeça maluca, essa música com aquela cena daquele livro faz todo o sentido. Por exemplo: uma música perfeita para *Fallen*, da Lauren Kate, é "Lacrymosa", do Evanescence. Tudo nela combina com o romance gótico — desde o instrumental, passando pela letra até o toque melancólico da voz da Amy Lee.

O que eu acho bacana na música é que ela traduz pra gente sentimentos que não saberíamos colocar em palavras. Temos sempre aquela música perfeita para quando queremos chorar, para quando precisamos de um estímulo, quando precisamos nos acalmar ou partir pra cima ou só contemplar o momento.

E quando a música fez parte de um momento especial, como férias inesquecíveis, ou era a música-tema de uma amizade ou daquele primeiro namorado, ao ouvi-la de novo, além de ser uma delícia em si só, ela traz a nostalgia do momento vivido. E aí o sorriso aumenta, o peito aperta e as lembranças vêm em avalanche!

Acho que é por isso que é tão fácil soltar aqueles gritos involuntários quando estamos no show das bandas que gostamos. Eu fiz ALOKA total no show do Evanescence! Gente, foram só os primeiros acordes de "Bring Me to Life" ecoarem e eu estava "AIMEUDEUSAMYLEEEUTEAMOCANTAPRAMIM!". Foi divertido e catártico e inesquecível!

"Mas Frini, quem é fã de bandas não é fã de literatura. As duas coisas não se misturam!", falou para mim uma pessoa que não entende nada de ser fã.

Meu bem, chega mais que tenho exemplos:

STEPHENIE MEYER é tão *superblaster* fã de Muse que, além de mencionar isso em todos os livros da saga Crepúsculo, dedicou *Amanhecer*, o último livro da série, à banda.

CARINA RISSI é apaixonada por OneRepublic e também menciona isso nos livros *Perdida* e *Encontrada*. Ah, e a autora conseguiu conhecer a banda no último Rock in Rio. Que foooooofo!

ANNA TODD é tão fã de One Direction que escrevia fanfics sobre a banda e essas fics transformaram sua vida! Sim, foram essas histórias sobre os rapazes de 1D que deram origem à série After. Achou que Hardin se parecia com Harry? Não é coincidência!

KIERA CASS também adora associar cenas de seus livros a músicas. Ela montou playlists oficiais para os dois primeiros volumes da série A Seleção, que foram publicadas no livro *Contos da Seleção*.

E aí?
Pensou em várias músicas e bandas que te lembram personagens e livros, né?
Então compartilha esse teu conhecimento e me conta aqui!

ESTE LIVRO...

ME LEMBRA ESTA MÚSICA...

PERDOE-ME, MATEI UM LIVRO

Não, não vou falar de morte de personagens de novo. A ferida ainda não cicatrizou e não quero que vocês me matem antes deste livro terminar!

O título do texto tem a ver com a ansiedade do fã.

Quando fomos ao cinema ver o mais recente filme da saga Star Wars, *O despertar da Força*, foi um acontecimento ÉPICO para qualquer fã. Primeiro porque sabíamos que os personagens clássicos iriam retornar (e que isso já seria mil vezes melhor do que os episódios I, II e III), e segundo porque não importa se você é fã de Star Wars ou não, é um marco na indústria do entretenimento. Ponto!

Aí você comprou o ingresso com muuuuuuuita antecedência e foi para o cinema horas antes. Não, não precisava fazer fila porque agora os assentos são marcados, mas estar junto com outros fãs naquele momento faz parte da experiência. E isso sem contar os cosplays e bolsas e camisetas e apetrechos que a galera levou! Foi só apagar a luz do cinema e 217 sabres de luz iluminaram a sala de exibição. LINDO!

Mas é aí que impera a agonia do coração de fã.

Ao mesmo tempo que queremos degustar o filme e ver cada pedacinho dele com calma, *precisamos* saber o que acontece no final. Essa antecipação toda também nos faz perder alguns detalhes do filme porque estávamos tão tensos para saber o que ia rolar que eles passaram despercebidos. Aí na segunda ou terceira vez que vimos o filme, notamos esses detalhes que, muitas vezes, fazem toda a diferença. E isso não se aplica só a Star Wars, mas a qualquer filme que tenha fãs, como Harry Potter e Jogos Vorazes, por exemplo.

Mas o ponto deste texto é o seguinte: quando o livro novo daquela série que você tanto ama ou daquela autora que você tanto venera chega às suas mãos, você tem o controle do tempo de leitura. Mas o que normalmente acontece é a gente sair lendo como se não houvesse amanhã.

E é nessa leitura desenfreada que você mata o livro.

Claro que é normal ler correndo para evitar spoilers. É tipo brincar de pique-um--dois-três: LI! ACABEI! AGORA TÁ COM VOCÊ! PRÓXIMO!

Faz parte de qualquer fandom ler o novo livro rápido para evitar que espíritos sem luz contem o final para você. O pior é quando colocam esses spoilers em imagens no Instagram e te pegam desprevenido. MORTE AOS SPOILEEEEERSSSS!

Enfim, faz parte, mas isso também não deixa de ser um problema. Por exemplo, eu li Harry Potter correndo, mas reli um tempinho depois para pegar detalhes que tinham escapado na primeira leitura. Tipo o fato de que Sirius Black é mencionado no primeiro livro, os elementos que marcam a Jornada do

Para quem não sabe o que é isso, você mora embaixo de uma pedra? Mentira! Spoiler é quando contam momentos--chave da trama de algum filme, livro ou série. Tipo dizer quem morre.

Herói (saiba mais no box!), e outras dicas que fui encontrando (lembra do texto sobre elementos de estilo? HP está CHEIO deles!). Aí, uma vez, dei uma palestra em São Paulo sobre Potter e um menino me perguntou de onde tinha tirado tanta informação e eu respondi que estava tudo nos livros. Ele arregalou os olhos e disse: "Vou ter que ler tudo de novo". Pois é!

> A Jornada do Herói foi criada pelo antropólogo Joseph Campbell e explica... bem, o passo a passo da jornada do herói! Campbell estudou especificamente os mitos, então nem todos os heróis literários se encaixam, mas podemos identificar várias etapas dessa jornada em Harry Potter. Algumas etapas da jornada são: mundo comum, chamado à aventura, recusa do chamado, encontro com o mentor, provação máxima, retorno com mais conhecimento, conquista. Viu como tem relação? Mas a aplicação desse modelo pode ser feita de forma consciente ou inconsciente pelo autor. Vale conferir o livro e o documentário chamados *O poder do mito*. Campbell era muito mestre!

"Frini, você está dizendo que temos que ler tudo duas vezes?" NÃO!

Estou dizendo que nosso impulso é ler correndo — ou para evitar spoilers, ou para postar resenha no blog antes dos outros, para bater a meta de leitura da semana, para ganhar uma aposta, ou sei lá! E muitas vezes isso prejudica a interpretação do livro com todas as suas nuances.

Gente, um autor leva tempo para contar a história. Ele cria o mundo, os personagens, os conflitos, "tempera" com os elementos de estilo, planeja, escolhe as palavras, o tempo de narrativa e BUM! Lemos em um dia e tudo passa despercebido e meio manco.

Não tô dizendo que é pra ler menos, mas sim com mais cuidado, aproveitando cada página. Ou você mata a obra, mata o livro, mata a experiência de ler.

Sei que o mundo é corrido, que temos mais livros para ler do que tempo para lê-los, mas não podemos deixar de lado a qualidade na hora da leitura.

Nosso coração de fã nos pede para correr, mas a antecipação de um beijo não é indispensável para que o beijo em si seja incrível? Então leia e beije no tempo certo e aproveite a experiência! Só não deixa marca de batom no livro, valeu?

CONFISSÕES DE UM LIVRO

Vem cá e se acomoda, porque nosso papo vai ser longo. Não quero pressa, quero atenção, e você sabe que é fácil se perder no que tenho pra te dizer. Te levo pra longe, pra perto, pra dentro de si e pra fora de tudo; faço isso — e mais — num piscar de olhos. E o pior é que você gosta. Você devora tudo que te entrego e pode até criticar, mas não pode dizer que não te faço pensar.

A cada encontro, encho teu peito e tua cabeça de esperança, te digo que tudo é possível, porque é verdade, e você acredita. Se é realidade ou não é outra questão. E comigo não tem essa de "deixa pra amanhã". Te faço virar a noite sem esforço e gosto desse momento quieto que temos, só eu e você.

De vez em quando te faço chorar, mas mesmo assim você não me deixa. Sabe que não é por mal, é para mostrar que você sente, que está vivo e que isso é incrível. Você reclama, mas não me solta. Você entende. Você sempre me entende e sabe que, pra mim, você não é mistério. Eu sei do que você gosta e não meço esforços para te agradar.

Não me importo que você fale com seus amigos sobre mim, sobre o que passamos juntos. Eu até gosto. Assim conheço mais gente e te conheço melhor. A turma aumenta e nosso relacionamento se intensifica.

Às vezes tenho que dividir sua atenção com os outros, mas tudo bem. Eu sei que você vai voltar pra mim uma hora ou outra e que vamos, juntos, chegar até o fim. Sei que, enquanto durar o nosso tempo juntos, vai ser inesquecível, intenso, perfeito e só nosso. Até o fim.

    E o fim chega com a dor da despedida. Sei que você quer aproveitar cada segundo, cada palavra que trocamos, mas eu preciso te contar o final da história e você quer saber. E com isso eu me despeço, pelo menos por ora. Mas você sabe que eu sempre vou estar aqui e eu sei que você sempre vai voltar.

Seu livro.

Escolha um
(ou dois, vai... mas só!)
livro preferido.
E se ele pudesse falar
— literalmente falar —
com você?
O que acha que ele diria?

PRECONCEITO LITERÁRIO

Na boa, todo mundo tem e não adianta olhar pro lado e fingir que não é com você. Abraça o fato que dói menos. Eu já tive vários e venci alguns, mas ainda estou trabalhando em outros.

Mas o que é preconceito literário? É não gostar de algum gênero ou livro sem ter lido. Tipo não gostar de brócolis sem ter comido. É o.k. não curtir alguma coisa, ninguém tem que ser fã de tudo! Mas nunca ter lido e dizer que não gosta é preconceito literário. Pior ainda é julgar quem gosta do gênero/ livro que você não leu e diz que não gosta! Gente, isso acontece demais e todo mundo já passou por isso, seja do lado de quem julga ou de quem é julgado.

Por exemplo, um dos gêneros que mais sofrem preconceito é o *chick lit*. O nome não é dos melhores, mas se refere a histórias centradas em mulheres, escritas por mulheres e para mulheres. Um empoderamento só! Geralmente são histórias com protagonistas que precisam afirmar algo — para os outros ou para si — no setor profissional ou amoroso e terminam vitoriosas, claro. Ou seja, reflete muito bem o que as mulheres acabam passando em algum momento da vida. O *chick lit* também pode trazer romances açucarados e conflitos mais suaves, porém não menos importantes. Então por que os livros são vistos como romance de "mulherzinha"? Por que histórias com protagonistas homens são universais, e histórias com protagonistas mulheres são só para mulheres? Por que os dramas masculinos interessam a todos e os femininos não? Por que esse tom pejorativo quando o *chick lit* é mencionado? Eu acho que ou é por falta de conhecimento ou é pura besteira! Como eu sei disso? Porque eu mesma tinha esse preconceito! Eu tinha preconceito literário com romances históricos (que são bem próximos do *chick lit*). Achava que eram todos livros que valorizavam só o casamento e que isso era ruim para nós, mulheres feministas. Aí eu li *O duque e eu*, da Julia Quinn, e rola uma parada no final do livro que eu não curti. Aí uma amigona minha disse para eu ler *O visconde que me amava*. Eu li. E depois li mais dez livros da Julia Quinn e amei! Ainda não posso dizer que adoro o gênero porque só li JQ e Loretta Chase (*O Príncipe dos Canalhas*), mas pesquisei sobre o tema e o meu preconceito com o gênero já foi reavaliado. Agora começa a busca pelas autoras cuja escrita tem mais afinidade com o meu gosto literário. E essa descoberta está me rendendo leituras deliciosas (e *quentes*! Curto *mucho*!).

Porque também tem isso. Não é só porque você curtiu o trabalho de um autor que você se torna fã do gênero. Eu venero Harry Potter, mas não sou fã de fantasia além disso. Tolkien é gênio, mas não ressoou comigo como Rowling. Isso quer dizer que sou uma leitora mais ou menos aplicada? Não. Quer dizer que a escrita dela se conectou comigo e a dele não, mas isso não significa que ambas não sejam maravilhosas.

Para quem lê em inglês, recomendo Dangerous Books For Girls: The Bad Reputation of Romance Novels Explained, *da Maya Rodale. O livro explica a má reputação de histórias românticas e como, na verdade, elas podem ser feministas dentro de seu contexto histórico. Assim parece uma coisa didática e chata, mas é MUITO sensacional!*

Agora, quer falar de preconceito literário e gerar polêmica *mesmo*? Vamos jogar na equação uns cinquenta tons de cinza e ver o que acontece!

Cabeças explodem e sutiãs voam para todos os lados!

Minha gente, o sobrenome do Christian Grey deveria ser Polêmica! Independente da minha opinião sobre a trilogia, acho sensacional o fato de que, por causa dela, a mulherada começou a ler livros mais *safadénhos* sem medo ou vergonha do que outros iam pensar. Porque os outros vão julgar de qualquer maneira, então dane-se!

Eu li os três livros e, no início, minha reação foi a mesma que tive contra romances históricos: "Nossa, que absurdo as leitoras serem apaixonadas pelo maluco do Christian Grey! Ele é louco!".

Na boa, o que cada um faz entre quatro paredes — sendo de comum acordo com todas as partes envolvidas — não é da conta de ninguém! Mas a forma que Christian controla a vida — até fora de casa — da Anastasia me irritou profundamente. É como se ela fosse incapaz de ser uma pessoa independente. Tipo, ela consegue o trabalho que queria em uma editora e ele COMPRA A EDITORA! ALOU?! ALERTA DE MALUCO!!!

Durante a leitura de todos os tons de cinza, puxei o assunto com uma amiga. Ela me explicou que existem níveis de relacionamento de submissão e controle e que, às vezes, o casal topa controlar a vida um do outro por inteiro, dentro e fora do quarto. O.k. Se os dois toparam, vão ser felizes! Se você não curte esse tipo de relacionamento na vida real, mas gosta de ler sobre isso, bora ser feliz também! O que é importante aqui é deixar claro o que você quer para a sua LEITURA e o que você quer para a sua VIDA. Às vezes são coisas diferentes e tudo bem, mas ambas precisam ser escolhas suas e de mais ninguém.

Tudo muito bem, mas então por que euzinha achava que era um absurdo as mulheres gostarem da série? Porque eu estava momentaneamente cega dentro do meu preconceito literário. Sim, eu tinha lido o material, mas estava julgando quem tinha lido e gostado e isso, gente, é um grande "nananinanão"!

Feminismo significa ter direito a escolher o que a gente quer e ser respeitada sempre. Logo, se as mulheres querem ler todos os cinquenta tons e se apaixonar por cada um deles, vão ressa! E quem não quiser também não é obrigada! Cada um na sua e todos lendo, olha que maravilha! Mas mantenham o senso crítico, tá?

Outro exemplo de preconceito literário é quando te forçam goela abaixo certos autores porque eles são brasileiros, ou famosos, ou da moda, ou clássicos, ou... dane-se!

Não importa de onde o autor seja — se é brasileiro, americano, dinamarquês ou nigeriano —, não importa se gosta de homens ou mulheres, se tem filhos ou só gatos. O que importa é o que ele tem para nos dizer, para onde ele vai nos levar e o que vai nos fazer sentir.

Autores muitas vezes são vistos como representantes de todos. Tipo embaixadores, sabe? Por quê? O autor brasileiro não precisa *necessariamente* escrever sobre a situação do país, com personagens brasileiros. Acho difícil escrevermos histórias sem que elas reflitam o momento político-social-econômico do nosso país, seja ele qual for. Mesmo que seja uma história de fantasia, algum tipo de crítica estará lá. E isso é essencial! A literatura precisa questionar, sim! Mas, a meu ver, o autor brasileiro pode e deve usar a criatividade e o senso crítico para colocar a história no papel da forma que ele quer contar, seja ela com toques verde e amarelo ou não.

Sabe aquela expressão "dê asas à sua imaginação"? Então por que estão querendo acorrentar a imaginação do outro, seja ele leitor ou autor?

É normal nós, fãs, termos — e sofrermos — alguns preconceitos literários. Então vamos reavaliar quais nós temos, nos abrir para novas leituras e destruir esses muros. Não tem problema ter preconceito. O problema chega quando falhamos em identificá-lo.

Você já teve ou tem preconceito literário com algum gênero ou autor? Conta aí qual e vamos trabalhar nisso.

OBRIGADA, AUTOR

Parece que você sempre esteve lá. Quando aprendi as primeiras palavras, me mostrou mundos novos, me guiou a reinos longínquos e me apresentou a criaturas fantásticas. Cresci com suas palavras e consegui lidar com dilemas que pareciam besteira para os mais velhos, mas eram questão de vida ou morte pra mim.

O frio na barriga a cada história de amor que você compartilhou comigo permanece até hoje — foi um dos inúmeros presentes que você me deu. Me perdi nas palavras trocadas, chorei quando a dor foi grande demais para suportar e sorri quando a emoção não cabia mais dentro do peito.

E os sustos? Lugares sombrios, monstros, ranger de portas e arrastar de correntes... Às vezes me pergunto o que você andou comendo para criar situações tão assustadoras. Meu Deus, que pesadelos você deve ter!

Quando o dia a dia exige demais e eu me questiono se sou boa o suficiente, você me mostra, por intermédio de personagens incríveis e muito reais, que é possível conquistar cada batalha. Eu acredito e venço uma após a outra.

Por isso tudo e mais um pouco quero tanto te encontrar pessoalmente. Minhas mãos vão ficar suadas, meu peito vai ficar apertado e toda a capacidade de pensar e falar ao mesmo tempo vai sumir. É que você nunca viu meu rosto, mas me conhece por inteiro. É por isso que vale esperar horas na fila para passar menos de cinco minutos com você.

Há quem diga que esperar para te ver rapidinho é perda de tempo. Para mim, é investimento na alma. É estar ao lado de quem criou personagens que povoam a minha mente, os meus sonhos. É estar na presença de um verdadeiro mago cuja matéria-prima não são ingredientes exóticos e bizarros, mas palavras e emoção. É ter as letras que formam o meu nome escritas por você, autor, criador de tantas maravilhas.

Obrigada, autor, por ter tanto trabalho para escolher as palavras certas, por consideração à história e a todos nós, leitores, que vão embarcar com você nessa aventura. Obrigada por vencer as páginas em branco e transformá-las em algo sem o qual eu não funciono direito. Obrigada por escrever livros.

O momento é seu.
Pense nos seus autores
favoritos e escreva uma
carta de agradecimento
a eles aqui.

quarta parte

a jornada do fã

SOU FÃ! E AGORA?

Falei da jornada do herói, mas os fãs também são heróis, né não? Só de não enfartar quando encontra aquela atriz preferida ou não morrer esmagado na fila de autógrafos já é uma conquista épica!

Imagine um grande local, com vários estandes dedicados à venda de livros. Promoções, lançamentos, oportunidades de conseguir autógrafos de vários autores. Imaginou? Pois esses lugares existem: Bienal do Livro, Comic Con e todos os eventos literários e voltados para fãs. Se você já está sentindo o coração bater mais rápido, já começou a calcular mentalmente o tamanho da mochila para carregar todos os livros e colecionáveis, parabéns: você não é apenas um leitor, você é um fã.

É possível gostar de alguns livros e admirar o autor, mas isso não é sinônimo de ser fã. Fã surta BO-NI-TO quanto anunciam a vinda do autor que escreveu aquele livro que te tirou o sono por muitas noites, mesmo depois de terminado.

Ser fã é imaginar várias cenas que não estão no livro, mas que você criou com os mesmos personagens e que agora povoam os seus sonhos.

Ser fã é contar as moedas do salário ou da mesada para comprar mais uma edição do livro que, agora, vem com um capítulo a mais ou com a capa diferente.

Ser fã é agradecer a internet pelas compras on-line em sites estrangeiros e formar grupos de amigos para dividir o frete.

Ser fã é gostar além da conta de um livro, um personagem, um autor, um ator e saber que não está sozinho nisso! Ser fã é integrar um fandom, ou vários, e por meio deles cultivar amizades incríveis! Mas ser fã também é entender que nem todos gostam do mesmo que nós; é defender com ponderação quando nosso FANatismo não é respeitado. Ser fã é viver em uma montanha-russa de emoções 24 horas por dia. E amar cada segundo!

Fandom é o domínio dos fãs. O termo significa algo como "reino", "comunidade" de fãs. Tipo, kingdom é o domínio do rei, e fandom, do fã (NOSSO! TÁ DOMINADOOO!).

QUANDO O LIVRO OU O SERIADO NÃO É MAIS O SUFICIENTE? FANFICTION!

Criar a própria história, os próprios personagens, é uma delícia! Mas muita gente (eu sou uma!) é tão apaixonada por histórias já escritas que é impossível não imaginar outros finais, criar novos personagens ou "casar" personagens existentes. Rola também escrever fics sobre filmes, seriados de TV e até bandas (lembra que mencionei a Anna Todd? Exatamente!).

Bem-vindo ao mundo maravilhoso das fanfictions, no qual tudo é possível (tudo MESMO) e ninguém julga (muito)!

Tive minha primeira experiência com fanfiction ao assistir o seriado *Buffy, a Caça-Vampiros*. (Sim, é da minha época. Não, não faça as contas! E se você não conhece esse seriado, para TU-DO que estiver fazendo e vai assistir as sete temporadas agora. É sério! Depois você volta a ler este livro. Eu te espero!)

Bom, nunca escrevi fanfiction sobre Buffy, mas considero minha primeira experiência porque amava o seriado e criei — na minha cabeça — personagens novos e arcos de histórias para eles. Faço isso até hoje com vários filmes e seriados (*Sherlock* foi um. Gente, o que foi o final da segunda temporada? IMPOSSÍVEL não criar teorias e fanfics!), mas os que me levaram a efetivamente escrever fics foram os livros da série Harry Potter (tenho várias) e Crepúsculo (tenho uma, me julguem!).

Fanfiction nada mais é do que ficção escrita por fãs. Qualquer um pode escrever, mas existem algumas regrinhas básicas para navegar nos oceanos profundos das fanfics e evitar se afogar ou ser pego de surpresa por monstros marinhos. Calma que eu te explico!

COMO COMEÇAR?

Geralmente, escrevo fics porque quero criar um par para um personagem específico, ou porque não concordei com o que aconteceu com ele no livro, ou porque criei uma história diferente — paralela ou não ao livro — e quero "torná-la mais real" ao passá-la para a página, ou ainda porque fiquei intrigada por um personagem ou por algum aspecto do livro e quero explorá-lo do meu jeito.

E aí? Como fazer tudo isso? Escrever fanfics é muito fácil. Basta escrever. Isso mesmo! Não precisa ser original ou incrível ou bombástica. Acho que escrever fanfiction é quase como uma terapia literária na qual o leitor coloca o chapéu do autor para botar pra fora suas ideias e angústias.

> **CONSELHO: se você estiver muito inspirado, saia escrevendo! Depois se preocupe em tornar o que escreveu coerente e com um fluxo narrativo legal. Coloque para fora primeiro e depois organize.**

ESTRUTURA

Tem autor de fics que cria a história e já separa em capítulos e sabe quais serão os conflitos de cada um e tal. Outros escrevem cenas soltas e depois voltam para costurar uma na outra. Escrever fanfics é um ótimo exercício para quem gosta de escrever ou quer experimentar o ofício. E cada autor — assim como acontece na literatura — tem o seu método.

Mas existem alguns pontos que podem ajudar a tirar o máximo da experiência tanto para o autor quanto para o leitor:

1) **Gancho:** Pensa naqueles seriados que terminam em "Continua...". Ou em livros que acabam com "E aí ela teria que se preparar para o que viria". Deu desespero para esperar o próximo, não é? Assim é cada capítulo de uma fanfiction. O gancho auxilia muito quem publica capítulos novos a cada semana. Nesse caso é importante deixar sempre um gancho no final de cada um. Isso garante o retorno do leitor na semana seguinte.

2) **Angústia:** Olha nossa amiga "angústia jovem" aqui de novo! Mas não precisa ser jovem, tá? Se a sua fanfiction tiver tensão sexual no sentido de amor platônico ou proibido, já é uma maravilha para acompanhar e instiga a leitura. (E me marquem no Facebook porque eu adoro ler esse tipo de fic!)

3) **Coerência:** Se você vai utilizar personagens que já existem, permanecer o mais coerente com suas respectivas personalidades é essencial. Isso torna a história que você está criando mais verossímil. Tipo, escrever uma fic com a America (de A Seleção) faltando com o respeito com tudo e todos pode não funcionar muito bem. Não quer dizer que não possa ser escrita! Se quiser exercitar assim, vá em frente feliz e contente!

Algumas informações necessárias para qualquer fanfic:

1) **Disclaimer:** ESSENCIAL incluir uma frase no início ou no final de cada capítulo indicando que é um trabalho de fã e que os personagens não pertencem a você (destacar só os que forem originais).

2) **Spoiler:** Quando a fic é sobre algum seriado, livro ou filme, é importante deixar explícito spoilers de qual momento serão mencionados na sua fanfiction. Por exemplo, você vai escrever sobre A Seleção, mas com acontecimentos que se passam depois de *A escolha*, é importante colocar "Contém spoilers de *A escolha*" para evitar que desavisados descubram o final do livro por meio da sua fic. Então fique atento!

3) **Ship:** O termo *ship* vem de "relationship" (relacionamento) e indica qual casal (ou casais) serão abordados na sua fanfiction (exemplo: Hermione/ Rony e Remus/ Sirius).

4) Cuidado com os erros gramaticais! Por mais que sua fic seja um exercício, uma criação sem amarras, respeite o leitor e revise antes de publicar. Erros muito grosseiros sabotam a sua criação ao tirar a atenção do que você escreveu e voltá-la para o próprio erro. Então atenção!

5) Outra dica importante é destacar se existe algum elemento específico que será utilizado. Abaixo seguem alguns deles:

CROSSOVER: Quando personagens de mundos diferentes interagem em uma fic. Por exemplo, Dumbledore precisar da ajuda de Gandalf para derrotar Voldemort.

SLASH OU FEMMESLASH: Quando o casal romântico abordado na fic tem o mesmo gênero. Por exemplo, a autora Cassandra Clare — antes de publicar *Cidade dos Ossos* e ficar megablaster famosa, era fanfiqueira e suas fics de Harry Potter eram protagonizadas pelo casal Harry/ Draco. Chupa essa manga!

GENDERBEND: Inversão de gênero. Criar uma história na qual os personagens são de gênero oposto ao original. Por exemplo, Sherlock Holmes seria uma mulher.

MPREG: Do inglês "Male Pregnancy", ou "gravidez masculina". São fics nas quais homens geram bebês por meio natural. (Não disse que no mundo das fanfics tudo é possível? Pois é!)

OC: Do inglês "Original Character", ou "personagem original". É um personagem originalmente criado pelo autor da fic e inserido em um mundo já estabelecido, geralmente se relacionando com outros personagens que também já existem.

ONE-SHOT: Fanfic de capítulo único. One-shot está para fics como um conto está para um livro.

SONGFIC: Fanfic baseada em letra de música que conta com a própria letra como parte da narrativa. Essa é uma ótima dica para quem é apaixonado por música. Mas utilize o disclaimer para avisar sobre a inspiração e indique quem criou/ gravou a música.

PWP: "Porn Without Plot", ou "pornografia sem enredo". Também conhecida como "Plot? What plot?", ou "Enredo? Que enredo?". Fanfic com cenas mais explícitas de sexo.

AU: Sigla para Alternative Universe (universo alternativo). As fics AU utilizam personagens existentes em universos novos. Por exemplo, a trilogia Cinquenta Tons, antes de virar uma série literária de sucesso, foi antes uma fanfic na qual Christian Grey era Edward Cullen e Anastasia Steele era Bella Swan, mas eles não eram vampiro e mortal, mas sim empresário milionário e jovem universitária. Ambos mortais. Ninguém brilhava no sol.

6) **Classificação etária:** Coloquei abaixo algumas classificações utilizadas nas fanfics. Isso ajuda a direcionar os leitores sobre o conteúdo que os espera.

LIVRE: Precisa mesmo explicar? Vale lembrar que crianças também leem fics, então fique ligado na hora de classificar a sua.
NC-13: Não recomendável para menores de treze anos por conter cenas leves de violência, linguagem grosseira.
NC-15: O mesmo do 13, mas com um pouco mais de violência.
NC-17: Inclui temas adultos e cenas mais descritivas de violência e sexo.
R-18: Cenas explícitas de sexo.

Já deu para perceber que fanfics tocam em temas sexuais e exploram bastante essa vertente. Se resumem a isso? De maneira alguma! Mas é importante ter isso em mente ao escrever ou buscar fics para ler. Escrever fics é experimentar estilos até encontrar o seu e se divertir muito no processo. E ler esse tipo de escrita é tão divertido quanto escrever!

ALGUNS SITES DE QUE GOSTO MUITO:

Fanfiction.net *www.fanfiction.net*
O mais conhecido! As minhas fics estão lá!

Wattpad *www.wattpad.com*
A plataforma também publica textos originais e não somente fics.

Archive of Our Own *www.archiveofourown.org*

DICA: Em qualquer um deles (e em outros), fique atento na hora de se cadastrar às regras de cada site. Você pode publicar suas histórias de graça para o mundo ler, mas é importante respeitar as normas.

OUTRA DICA: Cada história pode ter *reviews*, que são os comentários dos leitores sobre as fics. Uma ótima prática é responder quem comenta construtivamente. Mande uma mensagem de agradecimento — afinal, a pessoa usou o tempo para ler e ainda comentar, né?

Também é possível receber comentários maldosos ou agressivos. Ignore esses e não responda. Mas reflita para aprimorar o seu trabalho. Se for só barulho, deixa pra lá.

TERCEIRA DICA QUE É MAIS UM AVISO: Plágio NUNCA! Ao escrever uma fanfic, você está pegando emprestado um mundo e personagens que são criação de outra pessoa. O *disclaimer* explica isso. Mas pegar algo que outro autor escreveu — seja ele autor de livro ou seu colega fanfiqueiro — e dizer que é seu... isso é plágio e deveria ser considerado crime hediondo! Seja íntegro e não pratique! E se vir alguém praticando, informe o autor e combata essa prática.

QUARTA DICA QUE É UM TESOURO!: Recentemente descobri os *imagines*. São microposts no Instagram com a foto de um personagem e uma frase. Por exemplo, uma foto do Daredevil (Demolidor) da Netflix com a frase: "Imagine que você é vizinha de Matt Murdock e, toda vez que ele volta pra casa depois de uma noite combatendo o crime, se aproxima da porta do seu apartamento, tentando ouvir o seu coração bater. Assim ele sabe que você está a salvo e pode, então, descansar". GENTE! Sofro MUITO com esses *imagines*! Isso é ótimo para quem quer escrever fics, mas não tem paciência para começar ou não tem muitas ideias.

Outro lugar excelente para encontrar *imagines* é o Tumblr. Tem *imagine* de anime, de seriado de TV, de livro, de atores, de cantores, de TUDO! Um exemplo é o masterofimagines.tumblr.com, basicamente um diretório de *imagines*. Mas vale jogar "imagines" no Google e se divertir!

A Anna Todd escrevia *imagines*, se juntou com mais trinta autoras do Wattpad e lançou o livro *Imagines: Celebrity Encounters Starring You* [*Imagines*: encontros com celebridades estrelando você!]. Na Amazon americana dá para ler algumas páginas para entender melhor a proposta.

Mergulhem nos *imagines*, mas cuidado: eles viciam MUITO rápido!

Nossa!
O mundo das fanfics
é muito louco, né?
Então aproveite este espaço
para listar as que você
já leu e gostou,
e para planejar
a sua.

COM QUE ROUPA EU VOU? DE COSPLAY, CLARO!

Primeiro é importante entender que COSPLAY NÃO É FANTASIA! Ou, pelo menos, não é só isso.

O termo "cosplay" vem de *costume* + *play*, que significa unir o figurino à atuação. Ou seja, o fã busca uma roupa similar à de seu personagem de escolha e o interpreta. Geralmente funciona ainda melhor quando ambos — o fã e o personagem — são parecidos fisicamente. Mas se o fã for um bom ator, as diferenças físicas não importam. Sinceramente? O que importa é amar o personagem e se divertir!

O pessoal que curte anime sabe muito bem do que estou falando. Existem cosplayers sensacionais de anime no Brasil, mas os cinematográficos e os literários também mandam muito bem! Já levei muitos cosplayers de Harry Potter aos eventos de lançamento do filme e o pessoal fã de Star Wars capricha DEMAIS nas roupas! Tá, eu também fui cosplayer! E gente, é MUITO divertido! É tipo teatro de improvisação com um figurino sensacional! Super recomendo!

Mas como fazer seu cosplay? Em outros países, o acesso a vários materiais é bem mais fácil do que aqui no Brasil. Mas temos um aliado brasileiríssimo: o Carnaval!

Várias costureiras que trabalham com "o maior espetáculo da Terra" estão mais do que treinadas em criar roupas loucas com adereços estranhos. A dica é procurar no Google ateliês de costura que trabalham com Carnaval e entrar em contato. Mas se na sua cidade fica difícil encontrar lugares assim, não se desespere! Uma costureira que manda bem e topa o desafio será uma grande aliada!

Para que o figurino fique mais próximo do que você quer, siga algumas dicas:

1) Ao encontrar com o profissional que vai fazer a roupa, leve desenhos das mais variadas posições e ângulos Isso vai ajudar a comunicar o que você quer e o que é possível fazer.
2) É importante levar em consideração o efeito que você quer com o tipo de material que você tem disponível. Se quer uma capa leve, que flutue, não rola fazer de veludo, saca? Explique os efeitos que você quer que a roupa tenha e peça conselhos. Não existe gente melhor do que esses profissionais para te indicar materiais!
3) No Brasil, muitos cosplayers sofrem com o calor. Fique atento à época do ano em que você pretende fazer o seu cosplay para tentar sofrer o menos possível. Chuva também pode ser um problema, assim como a umidade. Leve esses fatores em consideração (e não faça como eu, que derreteu em um uniforme completo de quadribol!).
4) Sapatos, perucas, adereços e maquiagem: talvez sejam mais complicados de conseguir, mas podem fazer a diferença no resultado final. Então planeje com antecedência a criação do seu cosplay para ter tempo de bater perna nas lojas e navegar pela internet em busca dos detalhes.
5) Orçamento! Conseguir um cosplay perfeito é sensacional, mas pode custar caro. Então peça o orçamento da mão de obra e do material antes de fechar o negócio.

DICAS PARA MATERIAIS: Depois de pesquisar o que você vai querer, vale dar uma olhada em sites como a Etsy 👌 *www.etsy.com*. Lá, fãs e artesãos de todo o mundo vendem tudo possível e imaginável, desde papel de parede até relógios de pulso. Dá uma pesquisada para ver se os itens que farão a diferença no seu cosplay estão por lá ou podem ser encomendados.

Aí, vale fazer uma conta no Paypal 👍 *www.paypal.com.br* para comprar com cartão de crédito de forma mais segura.

Roupas, acessórios e colecionáveis também podem ser adquiridos na Etsy por preços bacanas. Outra dica é dar uma passada na Hot Topic 👍 *www.hottopic.com*. Vão rolar vários surtos em ambos os sites, porque os dois têm muitas coisas legais. Aí volto a recomendar: encontre amigos para rachar o frete e se joga!

Conta aí!
Quais são os cosplays
que você gostaria de fazer?
Desenhe o figurino.

UM LIVRO, UM FÃ E UM MICROFONE

Ministrei uma palestra uma vez e me perguntaram por que resolvi organizar e apresentar eventos literários. A resposta é muito simples: porque eu *preciso* falar sobre livros! E estou nessa há mais de uma década. Comecei a organizar eventos literários pelo simples motivo de que precisava dividir o meu fascínio pela história de um menino bruxo que sobreviveu a um terrível ataque. Graças à internet, vi que não estava sozinha e que outros fãs como eu queriam discutir teorias, o que achavam que ia acontecer nos próximos livros. Depois de vários encontros em praças de alimentação de shopping, passamos a organizar grandes eventos potterianos no Rio de Janeiro.

Com o final de Harry Potter, veio Crepúsculo e lá fui eu para as livrarias falar sobre livros, temas e entrelinhas. O mais legal é que desde a época de Harry, quando eu ligava para as livrarias pedindo espaço para realizar um evento literário, o responsável pelo local me perguntava se o autor estaria presente. *PAUSA DRAMÁTICA PARA SURTO COLETIVO DE GARGALHADAS* Dá para imaginar?! HAHAHAHAHA! Enfim, explicava que não, que só queria reunir fãs para conversar sobre livros. E eles, inexplicavelmente, topavam. E assim um evento deu lugar a outro, um público de dez pessoas se transformou gradativamente em quinhentas e os anos foram passando.

Até que, há cerca de sete anos, criei, em parceria com a livraria Saraiva, o Clube do Livro Saraiva, um evento mensal em que abordo diversos livros a partir de um determinado tema. E a ideia não é tratar só da história, mas sim de como ela foi escrita, dos efeitos que causou em nós, leitores, do que gostamos, discordamos e do que nos incomodou. A ideia do Clube — que levo para todos os eventos literários que apresento — é ir além das páginas, mergulhar nas entrelinhas e buscar extrair ao máximo o que cada livro significou para cada um.

Livro é conteúdo, é desafio, é conquista, tanto para o autor quanto para o leitor. E, a meu ver, esse conceito é o norte de todo e qualquer evento.

Desde a criação do Clube do Livro Saraiva, outros eventos literários começaram a pipocar, o que eu acho sensacional! Isso mostra que não só temos mais leitores: sentimos vontade de dividir nossa paixão literária olhando nos olhos, trocando sorrisos e gritinhos de antecipação pelo próximo volume!

Mas organizar um evento não é nada fácil. Então apresento aqui algumas dicas e experiências para ajudar a tropa de apresentadores a desbravar as livrarias!

PROPÓSITO

A primeira pergunta que você tem que fazer é: "Por que eu quero fazer esse evento?". Ao organizar um evento literário você está mexendo com o seu tempo, com o tempo dos funcionários do local, com o tempo de cada leitor e com o nome da livraria, do autor e o seu. Para organizar e realizar um evento literário você precisa de um motivo sólido, bem estruturado, e uma razão que importe não só para você, mas para quem vai ao evento.

Boas respostas para essa pergunta seguiriam a linha de: "Porque quero abordar temas essenciais que encontrei nos livros", "Porque acho importante falar sobre esses livros e destacar a relevância deles para nosso momento atual", "Porque os livros foram lançados e acho que precisam de mais destaque devido à temática e ao público-alvo", ou "Porque podemos fazer tudo isso acima e muito mais, nos divertindo pra valer no processo".

PROJETO

O.k., agora que você tem a razão para o evento, começa o planejamento. Eis o que é importante planejar:

Data: Fins de semana são melhores porque o público não vai estar na escola ou no trabalho. Mas no meio de um feriado prolongado ou de um grande evento como Carnaval, Copa do Mundo, Bienal... melhor evitar. É preciso levar isso em conta pra não perder nem frustrar o público.

Horário: Início de tarde — por volta das 15h — é sempre bom, porque as pessoas que precisam de mais tempo para se deslocar para o evento conseguem chegar sem correria. E almoços em família não são deixados de lado!

Local: Geralmente é o mais complicado de conseguir e influencia todo o resto. Livrarias são preferenciais porque, DÃ, é um evento literário! Mas também porque já estão acostumadas a receber grandes números de leitores. Ao procurar um lugar para o seu evento, entre em contato com a área responsável com antecedência — se possível, dois meses. Assim é mais fácil conseguir uma boa data e uma resposta positiva. Avalie também se o local é de fácil acesso e protegido da chuva. Isso influenciará o tamanho do público.

Programação: Agora que você já tem o local do evento, precisa adaptar o conteúdo para ele. Por exemplo: se for fazer em uma livraria, não dá para fazer uma atividade que requer muito deslocamento, como caça ao tesouro. Para fazer atividades assim, espaços abertos (como parques) são mais indicados. E aí é importante verificar com a administração do parque se é possível realizar eventos ali. Pense no tempo de evento que você terá e programe as atividades ou debates, sempre com margem de 30 a 40 minutos para eventuais atrasos. Essa divisão garante um evento organizado e sem correria.

Divulgação: As redes sociais ajudam DEMAIS na divulgação do pré- e do pós-evento. Mas também podem ser um tiro no pé se os organizadores ficarem alterando os detalhes toda hora.
Evite divulgar um evento sem ter o local, a data e o horário confirmados. Isso é muito ruim, porque do mesmo jeito que você está planejando um evento, outras pessoas estão planejando ir, e alterar muito esses dados essenciais confunde os leitores. Se você acha que essas informações poderão sofrer alterações, e essencial deixar isso claro na divulgação. Avise que dados poderão ser alterados.

Durante a divulgação, pense em mapas e informações de acesso ao evento para ajudar o pessoal que desconhece o local ou que mora mais longe.

Mas o evento não depende só de você e fatores externos podem fazer com que seja adiado ou cancelado. Então tenha um plano B para mover o local do evento ou um plano de contingência para o caso do cancelamento em cima da hora. Por exemplo: posts chamativos nas redes sociais informando o cancelamento ou até a sua ida ao local para falar pessoalmente com os desavisados.

Detalhes: Vai precisar de microfone? Projetor? Será necessária a distribuição de senhas? Haverá brindes para sortear? São detalhes pequenos, mas que fazem toda a diferença. Pense o seguinte: nos eventos que você foi, o que deu certo, o que você gostaria de mudar, o que faltou? Tudo isso você pode tirar de experiência como público e aplicar na sua experiência como apresentador.

127

CONTEÚDO

Essa é a melhor parte! Você já está motivado para realizar o evento, que já foi agendado, divulgado e programado. Mas qual o conteúdo que vai apresentar?

Cada evento é diferente porque cada apresentador é diferente e cada público é único. Mas uma coisa que todos têm em comum é a importância do conteúdo.

Se você tem informações, pontos de vista, argumentos interessantes para instigar o debate entre os participantes, é isso que deve fazer. Um livro nunca é apenas um livro! CONTEXTO! Essa palavra precisa estar tatuada na sua mente! Na minha ela aparece em letras garrafais, dançantes e em neon!

O contexto é a alma do negócio. Contextualize os temas que vai debater com a época em que foram escritos, com o momento histórico narrado no livro, com o nosso momento atual e com o background do autor, dos personagens e da gente.

Não disse que fazer evento era difícil? Pois é! Mas isso é o que separa os leitores dos LEITORES. E você pode estar com um microfone na mão, mas antes de mais nada também é um leitor. Contextualize e explore os temas, o conteúdo dos livros. Ninguém está ali só para ouvir você falar. Eles querem participar e ouvir o que você tem para agregar à discussão. Dizer que um livro é bom ou ruim "porque sim" não é o suficiente para segurar um evento.

Um exemplo de contexto: Abordei o livro *Mentirosos* em um evento literário. É um livro difícil de falar sem estragar o enredo, porque ele é todo baseado em uma grande reviravolta no final e, se contar demais, estraga a leitura. Mas ele fala de como as pessoas julgam demais com base nas aparências e como, às vezes, algumas amizades podem ser tóxicas. O.k., isso está no livro e pode ser explicado no livro. Mas e a gente no nosso dia a dia? Não ficamos prestando atenção no Instagram dos outros, comparando os posts? Desde quando isso passou a importar mais do que o carinho da melhor amiga, o abraço do melhor amigo, a cumplicidade da família? Busque o que te moveu no livro e traga para o seu contexto, para o contexto de cada leitor. Isso ajuda a refletir sobre o livro e a criar esse hábito sempre que começamos uma nova leitura.

TENDO UM PROPÓSITO, UM PROJETO E MUITO CONTEÚDO, VOCÊ ESTÁ PRONTO PARA REALIZAR UM EVENTO?

Quase! Existem mais duas coisas que todos precisam ter na hora de apresentar qualquer evento: credibilidade e respeito.

Credibilidade: Mesmo que os eventos literários tenham entrada franca, você está associando o seu nome a um serviço. (A única justificativa para cobrar entrada é pagar aluguel de espaço. Se não é o caso, a entrada deve ser gratuita. Ponto final.) Chamo o evento de serviço porque ele é o resultado de um trabalho feito por você, que exigiu tempo e planejamento. Então não use o nome de outra pessoa para conseguir algo para o seu evento (isso é crime!), não prometa se não sabe se vai cumprir, não diga que sabe se não souber, não diga que vai ter isso ou aquilo se não tiver. NÃO MINTA!

A cada momento, é a sua credibilidade que está sendo construída. Seja transparente e não tenha medo de assumir algum deslize ou erro. Se você é um leitor apaixonado e quer fazer um evento, tenho certeza de que dará o melhor de si, sempre. Errar é normal, principalmente quando se está começando. Então assuma o erro, peça desculpas e siga em frente. Para ser o primeiro de muitos, trabalhe na sua credibilidade.

Respeito: Sem ele, somos animais. Então não seja tolo de achar que um microfone na mão te dá o direito de ser dono dos leitores ali presentes. Com um microfone vem uma grande responsabilidade. Não diga palavrões, não insulte, não perca a paciência. Fazer evento literário é quase como ser um professor em sala de aula, mas sem a parte didática. Então seja simpático, tenha respeito e exija respeito. O mesmo vale para redes sociais. Discutir no Facebook ou no microfone não deve ser praticado nem tolerado. Se alguém falou algo que não foi legal, chame de lado, explique, converse. Se não resolveu, cada um segue o seu caminho. Não vale a pena faltar com respeito nem ferir sua credibilidade. O que você fala é responsabilidade sua. O que os outros interpretam, não. Então fique sempre atento à sua responsabilidade.

Situação 1: Mediei o bate-papo com a Cassandra Clare na Bienal de São Paulo, em 2014. Foram dois dias, cada um com o público estimado em mais de 3 mil adolescentes MEGA fãs. SEIS. MIL. PESSOAS. Até aí, tudo bem. Mas acontece que era humanamente impossível para Cassie (olha a intimidade! #beijinhonoombro) assinar essa quantidade de autógrafos! Então é óbvio que não tinha senha para todo mundo. O bate-papo correu superbem, interagi com os fãs, com a Cassie e foi lindo. Aí ela saiu do palco e eu fiquei para explicar como seriam os autógrafos e tal. E quase morri! Foi um mar de adolescentes chorosas querendo respostas que eu não tinha. Não menti. "Gente, eu não trabalho na editora e queria muito poder ajudar, mas não temos mais senhas porque são muitos fãs.

Desculpe. Se eu pudesse levar um a um, eu levaria, mas não posso. Desculpe." Foi difícil? PRA CARAMBA! Mas não havia outra resposta e tive que dar essa, que era a absoluta verdade. O tom de voz usado por mim sempre foi simpático e tranquilo não só porque não poderia ser diferente, mas porque eu, assim como você, sou fã e se estivesse na mesma posição, ia querer ser tratada com respeito. Se coloque no lugar do outro. Faz a diferença.

Situação 2: Fiz um *live chat* com a Kiera Cass e no dia fiquei sabendo que ia traduzir as respostas dela. Ao vivo. Na internet. Nunca tinha feito isso na vida e encarei o desafio! Como? Deixando bem claro que nunca tinha feito isso na vida e pedindo desculpas antecipadas se eu pisasse na bola em algum ponto da tradução. Foi um papo MEGA longo e lindo e divertido e, ocasionalmente, eu pedi ajuda, sim, para blogueiros que estavam presentes. Ou era um termo que eu não lembrava a tradução ou um nome que me escapava. Não existe vergonha em pedir ajuda, em pedir desculpas, gente. Muito pelo contrário! É preciso estar preparada para o desafio, conhecer o material, ter as perguntas e jogo de cintura, mas o deslize ocasional pode acontecer. Abraça e continua!

Live chat é quando rola uma conversa pela internet e o pessoal manda perguntas e interage em tempo real.

Ficou tenso com tudo que é necessário para fazer um evento literário bacana?
Fica não!
Já comece a planejar o seu aqui!

BIENAL INTERNACIONAL DO LIVRO: VOCÊ ESTÁ PREPARADO?

Por falar em eventos literários, vamos conversar sobre um dos maiores: a Bienal Internacional do Livro! Em São Paulo ela tem um pavilhão, mas no Rio de Janeiro são três. Lotados. Quentes. Loucos. Isso sem contar a Bienal de Minas, a Festa Literária Internacional de Paraty (Flip), a Feira do Livro de Ribeirão Preto e muitas outras!

Como sobreviver e aproveitar cada momento? As dicas abaixo também são válidas para qualquer evento de grande porte. Então fique ligado!

1) **Data:** Assim que uma Bienal acaba, já é divulgada a data da Bienal seguinte. Então se programe para ver passagem e hospedagem (se for fora da sua cidade) com antecedência. Assim os preços ficam mais em conta. Considere juntar um grupo de amigos e ficar em um albergue para duplicar a diversão e dividir o custo.

2) **Programação:** Aos poucos, os autores convidados são divulgados. Fique atento às confirmações e, próximo ao evento, aos detalhes de datas e horários de palestras e autógrafos. Faça um plano que envolva a busca de senhas, tempo de cada fila e disposição dos estandes. Não estou brincando! Saber exatamente onde cada estande fica ajuda MUITO a ganhar tempo para correr de uma palestra a outra.

3) **Não morra!** Pois é. Água e biscoito (ou bolacha! Tanto faz!) são necessidades básicas na sua mochila! Um lanche leve mas

consistente vai te garantir ficar em pé nas filas e não perder tempo parando para comer ou se hidratar. Preste atenção para beber muita água e ter sempre algo doce e algo salgado com você. Acha que estou brincando? Quase desmaiei depois de quatro horas na fila de um autógrafo, quando uma menina atrás de mim me ofereceu chocolate. Foi o que me salvou. Somos amigas até hoje!

4) **Filas:** Bienal é quando colocamos para fora o nosso estilo napoleônico de ser: dividir e conquistar! Levar parentes ou amigos para ajudar a conseguir lugar na fila de senhas é uma carta na manga! Geralmente, para facilitar a organização no evento, cada pessoa só pode pegar uma senha. Então recrute familiares e amigos para ficar em filas diferentes para você. Isso pode ajudar a conquistar mais senhas. Mas não seja egoísta! Se vir que não vai conseguir usar todas, passe adiante para outro leitor que não teve a mesma sorte (ou estratégia) que você.

5) **Filas 2:** Faça amizade com pessoas ao seu redor nas filas. Elas podem garantir o seu lugar se precisar ir ao banheiro e vice-versa. Sem contar que grandes amizades surgem em longas filas. Aproveite a oportunidade!

6) **Figurino:** Você talvez tenha que ficar em pé durante muito tempo, sentar no chão, carregar peso. Evite saias curtas, salto e roupas pesadas. Tênis, camiseta e calça jeans sempre é a melhor solução. Coloque um casaco leve na mochila e vá à luta!

7) **Brindes:** Alguns estandes oferecem brindes para blogueiros ou kits em promoções. Antes de comprar os livros, pergunte sobre os brindes e marcadores para aproveitar todas as oportunidades!

8) **Bottons:** Eu ADORO colocar bottons na mochila e a Bienal é um evento perfeito para mostrar meu amor pelos livros desse jeito. Mas também é um evento propício para a perda deles e de chaveiros. Se não tem mais de um, tire. Não fique preocupada com o que você pode evitar.

9) **ATENÇÃO:** Celular e mochila aberta é um grande nananinanão! Às vezes ficamos tão empolgados que esquecemos o celular em algum lugar ou a mochila aberta depois da visita ao último estande. Atenção redobrada! O evento é longo e entupido de gente. Fique atento a isso para não chorar depois!

10) **Sorria:** A Bienal é um evento incrível, mas quando a gente vê, já passou! Então aproveite cada momento, faça amizades novas, fortaleça as antigas, compre livros e se divirta!

Há muitos eventos acontecendo em vários lugares do país durante todo o ano. Vale ficar de olho nos sites e redes sociais para não perder nenhuma oportunidade.

Bienal Internacional do Livro do Rio
👍 www.bienaldolivro.com.br

Bienal Internacional do Livro de São Paulo
👍 www.bienaldolivrosp.com.br

Bienal do Livro de Minas
👍 www.bienaldolivrominas.com.br

Feira do Livro de Ribeirão Preto
👍 www.fundacaodolivroeleiturarp.com

Festa Literária Internacional de Paraty (Flip)
👍 flip.org.br

Festa Literária Internacional de Cachoeira (Flica)
👍 www.flica.com.br

Outra dicona são eventos não só relacionados a livros, mas a animes, séries, games e muito mais!

Comic Con Experience
👆 www.ccxp.com.br

Anime Friends
👆 www.animefriends.com.br

Campus Party
👆 www.brasil.campus-party.org

Daydream Eventos
Eles organizam convenções com atores de filmes e seriados. Imagina dar aquele abraço no Ian Somerhalder de *Vampire Diaries* ou na Lana Parrilla de *Once Upon a Time*? Então fica ligado no site deles!
👆 www.daydreameventos.com.br

Existem vários eventos que acontecem em livrarias, como é o caso do Clube do Livro Saraiva.
👆 www.facebook.com/clubedolivrosaraivaj

Para não perder nenhum, fique atento ao Facebook e faça buscas constantes por lá. Além de ficar por dentro, é possível fazer amizades e até passar a organizar o seu próprio evento! Os sites das livrarias também trazem agendas de eventos, lançamentos e noites de autógrafos. Vale conferir!

Eu já estou me planejando para a próxima Bienal! E você? Liste aqui os autores que quer ver e não esqueça as recomendações!

SER FÃ TAMBÉM É PAGAR MICO EM GRUPO

A melhor coisa de ser fã é que **1)** você não está sozinho e **2)** você não paga mico sozinho. Então vamos rir um pouquinho? Bora!

UM CAFÉ E UM TOMBO, POR FAVOR

Estava no Starbucks de um shopping do Rio de Janeiro. Tomava meu café tranquilamente enquanto lia. O livro era um daqueles de capa dura americanos, sabe? Para evitar amassar a sobrecapa, eu a tinha deixado em casa, e o título do livro estava apenas na lombada, em letras rebuscadas e douradas, o que o deixava extremamente difícil de ser lido por outras pessoas.

Uma menina estava sentada com as amigas num sofá, bem na frente da poltrona onde eu estava. Notei, por cima do livro, que a menina estava ignorando o papo das colegas e entortava o pescoço para tentar ler o título do meu livro.

Não sei se você é assim, mas quando vejo qualquer pessoa lendo, estico o pescoço para ler o título do livro!

Ela entortou o pescoço, entortou, entortou e BUM! Caiu de joelhos no chão!

Na mesma hora, as amigas gargalharam loucamente, mas a menina não tirou os olhos de mim e continuava lá, de joelhos no chão.

Eu, morta de vontade de rir, fechei o livro e virei a lombada para ela, que engatinhou um pouquinho para ler. Aí abriu um sorriso e, ainda de joelhos e ainda ignorando as gargalhadas das amigas, disse: "Ai que legal! Eu ainda estou no livro anterior. Esse é bom?".

"Muito!", respondi.

"Vou comprar assim que terminar. Obrigada!", ela falou, levantando e voltando a sentar com as amigas, como se nada tivesse acontecido. Achei fofo! Dolorido, mas fofo.

Tá se perguntando qual era o livro? Vou te deixar curioso! HAHAHAHA!

Mas quem disse que só os fãs pagam micos maiores do que o King Kong? Nada! A Kiera Cass é uma FOFA e, em 2013, quando fez uma turnê para lançar seus livros, gravou uma dancinha fofa em cada lugar. E tem VÍDEO disso! Deixo aqui o link para vocês surtarem comigo depois. Ah, sim, tem Salvador, São Paulo e Rio de Janeiro nesse vídeo. HAHAHAHAHA!

 https://youtu.be/TaqEXrEv1vs

Além de pagar mico, Kiera vai além! Como eu disse por aqui, ela é megafã de One Direction e resolveu entrar no fandom de 1D. AI. MEU. DEUS! Pois é! Aí ela fez um vídeo sobre como foi conhecer outros fãs da banda e como são as "shipping wars". Lembra que eu falei que *ship* é o casal que a galera mais curte nas histórias e/ ou fanfictions? Então, rola uma guerrinha em vários fandoms sobre isso e com One Direction não é diferente. Kiera viu isso em primeira mão e explicou em um vídeo MUITO engraçado.

 https://youtu.be/YeBv8LHz6UM

E só porque eu amo o número três e sou muito fã da Kiera, ela fez outro vídeo sobre como o amor por Star Wars é grande e como o por Harry Potter precisa ser levado adiante por nós. E ela mostrou a calça do pijama do marido dela e o meu tem uma igual!

👍 *https://youtu.be/1pyS1ayOyTQ*

Uma autora que não é tão conhecida como deveria é a americana Maggie Stiefvater, autora de A Saga dos Corvos. Uma leitora perguntou: "Se os quatro personagens fossem princesas da Disney, quais eles seriam?". Achei tão fantástica a resposta que tenho que compartilhar aqui. Porque Maggie não só aponta, mas explica a razão da associação, que não deixa de ser um estudo de cada personagem e princesa. SHOW!

👍 *http://maggie-stiefvater.tumblr.com/post/128270883396/*

Vale comentar também que, quando faz eventos de lançamento de seus livros, ela meio que sobe na mesa para conversar com os leitores e se amarra em tirar *selfies* fazendo careta com eles. MUITO das nossas essa Maggie!

Impossível falar de fã sem citar John Green! Adoro a narrativa dele e o cara manda MUITO BEM no quesito "sou nerd, sou fã, sou feliz". E nesse vídeo ele e seu irmão Hank falam sobre ser nerdfighter. Um nerdfighter é basicamente a gente! Não precisa ser fã de *A culpa é das estrelas* ou de qualquer livro do John (olha a intimidade!), mas sim ser a favor de curtir as coisas e ser feliz. Ser um nerd do bem e fã. OLHA A GENTE AÍ!!!

👍 *https://youtu.be/FyQi79aYfxU*

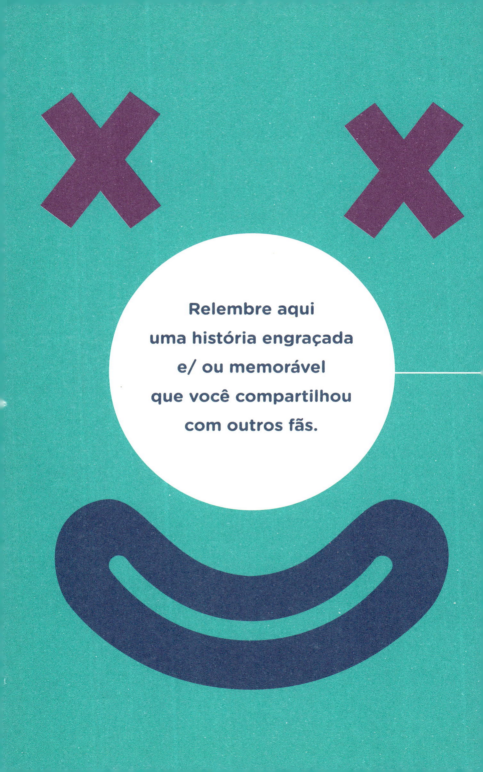

EU BLOGO, TU TWITTAS, ELE VLOGA

Hoje, temos informação na palma da mão e todos têm opiniões sobre tudo. Ótimo! Mas também é muito fácil se deixar levar pelo barulho que as redes sociais criam, com todos postando ao mesmo tempo, opinando e reclamando e compartilhando e gerundiando!

PARA TUDO!

Agora posta no blog!

Lembra que eu disse que conteúdo é tudo? No blog não é diferente. O blog é um canal de comunicação por meio do qual publicamos nossa opinião. Blog não é jornalismo, é opinião. Mas blog pode e *deve* ter conteúdo.

Blog é igual a crítica no sentido de que você tem que ler com um filtro. "A crítica disse que esse filme é ruim." Por favor! Que crítica é essa? Para levar em consideração, busque um crítico que tenha o gosto parecido com o seu ou que utiliza argumentos com os quais você se identifica. Com blogs não é diferente. Postar uma sinopse do livro e dizer que é bom ou ruim não é resenha!

Por exemplo, o meu blog — Cheiro de Livro 👍 *cheirodelivro.com* — é alimentado por mim e mais uma pequena porém dedicada equipe. Uma das integrantes é a Carolina Pinho, minha amiga de faculdade, guru literária e editora extraordinária. Ela tem um fetiche por Excel (só pode ser isso!) e faz várias planilhas para manter o blog organizado e o mais atualizado possível. E como todas nós temos gostos literários bem diferentes, o Cheiro de

Livro ficou supereclético, com resenhas para todos os gostos. Olha que maravilha!

E, por favor, não vamos ver o blog como um instrumento de oportunismo. Vamos usar o blog como deve, transmitindo nossos argumentos, nossas conexões, nossos sentimentos, nossa atitude perante o mundo. É um instrumento para nos divertir pra caramba!

Eu realmente acredito que se nós enquanto blogueiros pesquisarmos um pouco mais antes de escrever cada texto, valorizarmos mais o trabalho do autor antes de resenhar e pensarmos um pouco mais fora dos limites do nosso blog, da nossa casa, do nosso mundo, poderemos incentivar a leitura e criar um mundo melhor — um post de cada vez.

Somos formadores de opinião e precisamos ter noção dessa responsabilidade e agir de acordo.

DICAS PARA CRIAR O SEU BLOG

- Quer criar um blog? Passa em 👆 *www.blogger.com* ou em 👆 *wordpress.com* e siga as instruções. Lá é possível verificar os nomes disponíveis para o seu blog e, seguindo um passo a passo bem tranquilo, já começar a blogar!
- Vale dividir o blog com algum amigo para que a publicação não fique somente sob sua responsabilidade. Dividindo, tudo fica mais fácil de gerenciar.
- Um layout leve, organizado e atrativo ajuda a cativar leitores. Ter um amigo que entenda de web design ajuda muito, mas ferramentas da própria plataforma de publicação também ajudam.
- Atenção ao conteúdo. O layout pode atrair, mas é o seu conteúdo que vai manter seus leitores. Então tenha um crivo para suas postagens e coloque no ar o que você gostaria de ler.

- Respeito sempre, com você e com outros!
- Blogueiros geralmente trocam comentários para que cada blog conheça outros blogs e o círculo aumente. Mas não deixe esse círculo virar uma panelinha. Comente se achar algo interessante e não fique triste se não comentarem no seu blog. Lembre-se: o número de acessos é sempre mais importante do que o número de comentários. Fique atento!
- Misture textos de opinião, resenhas, notícias e coberturas de eventos para deixar as coisas mais interessantes. Mas sempre mantenha a coerência do propósito do seu blog. Se ele é literário, escreva sobre tudo isso com relação a livros. Se ele é pessoal, vale um pouco de tudo. Mas se ele é literário e você postar sobre como foi o almoço de aniversário da sua tia, as coisas ficam meio estranhas.
- Utilize as redes sociais — Facebook, Twitter e Instagram — para divulgar os posts do seu blog. O Pinterest também é uma ótima rede social para explorar visualmente o que lemos nos livros. Por exemplo, fazer um post sobre filmes baseados em livros e utilizar o Pinterest para reunir as imagens é muito legal!
- Divirta-se! Ninguém vai morrer se tiver ou não comentários. Use o espaço para treinar sua escrita, expressar suas opiniões e se divertir! Mas tenha sempre em mente os dois Cs: conteúdo e contexto.

LUZ, CÂMERA, AÇÃO!

Já se você quiser se arriscar nos vlogs — ou seja, blogs feitos em vídeo —, o desafio é um pouco mais complicado, mas tão agradável quanto!

Vídeos são a pedida do momento. Existem ferramentas simples — como o iMovie — que ajudam a filmar e editar sem muito mistério. Escolha um momento silencioso em casa (editar a sua mãe te chamando para o jantar ou o seu cachorro latindo é muito difícil!) e um lugar com um fundo legal (tipo, nada de porta de banheiro aberta ou geladeira ao fundo). Iluminação também é importante e atenção se você usa óculos: cuidado para eles não refletirem a luz ou a tela do computador. O olho no olho é importante! Aí é só ter um roteiro sobre o que você quer falar e se empolgar!

Existem vários booktubers — youtubers que fazem vídeos sobre livros — que mandam muito bem! Listei alguns aqui que eu curto bastante:

PAM GONÇALVES
www.youtube.com/user/TvGarotait

Os vídeos que eu mais curto da Pam são as tags. São basicamente perguntas que devem ser respondidas com títulos de livros. Por exemplo: "Indique um livro que mudou o seu ponto de vista sobre algo" e a aí ela responde. E no final ela pode ou não indicar outra pessoa para fazer o desafio. Vale como inspiração para você fazer os próprios vídeos. Sem contar que a Pam é uma fofa!

BEL RODRIGUES
www.youtube.com/user/alguminfinito

A Bel é muito divertida e autêntica! Os vídeos dela que eu curto são os Book Hauls. Um Book Haul é quando um booktuber faz um vídeo com todos os livros que recebeu, comprou ou ganhou no mês e ainda não leu. É uma ótima oportunidade para descobrir livros novos e conferir a expectativa pela leitura. Ah, e a Bel tem uma série de vídeos com a Pam — o PamdeBel — que é muito bacana.

EDUARDO CILTO
www.youtube.com/user/Perdidonoslivros/

O Eduardo Cilto é uma figura! Ele não só comenta os livros, mas encena algumas partes. Por favor, vejam o vídeo sobre *Cinquenta tons de cinza* e se preparem para rir muito!

CABINE LITERÁRIA
www.youtube.com/user/cabineliteraria

A turma do Cabine Literária é mega-blaster--empolgada e tem uma série de vídeos engraçados e instrutivos sobre livros. Um que se destaca é "Os 10 mandamentos de um leitor", feito pela Tatiany Leite. Impossível não se identificar!

LITTLE BOOK OWL
www.youtube.com/user/LittleBookOwl

Para a galera que manja mais de inglês, a australiana Catriona, do canal Little Book Owl, arrasa nos vídeos. Ela tem vários sobre como criar e manter o seu canal sobre livros e dá dicas excelentes! Dá uma olhada no "How To Booktube".

SABLE CAUGHT
www.youtube.com/user/SableCaught

Eu simplesmente VENERO os vídeos da britânica Stevie Finegan. O que ela fez sobre gostos literários é simplesmente sensacional ("Your Own Literary Tastes"). Seus argumentos são riquíssimos e sempre dá vontade de ler ou reler o livro que ela comenta. Essa mergulha de cabeça nos elementos de estilo que tanto amo, então é impossível não curtir!

Mas o mais legal sobre ser um booktuber é que cada um tem o seu estilo e você deve encontrar o seu. Assista, se inspire, mas crie o seu estilo de gravar, de editar e de comentar o que você gosta ou não. Só depende de você!

Liste aqui quais são os blogs e vlogs de que mais gosta.

NOSSA VOZ

Ser fã é amar e sofrer e se empolgar e esperar e sofrer mais um pouco e sorrir e chorar e esperar de novo... E este livro tentou ao máximo refletir o sentimento indescritível, único e coletivo de ser fã.

Tem gente que julga o nosso gosto literário, com o que gastamos dinheiro, o tempo que passamos em filas de autógrafos ou para comprar ingressos. Mas quando encontramos outro fã como a gente, tudo vale a pena. Não importa se é fã *hardcore* ou novato. O que importa é o respeito mútuo por aquele frio na barriga que todo fã sente.

Falei sobre blog, eventos literários, fanfiction, literatura e muito mais. Mas uma coisa eu deixei para o final: a voz do fã. A nossa voz importa e muito. Não somos apenas muitas pessoas, de idades variadas, que amam muito alguma coisa. Somos consumidores, produtores de conteúdo, leitores, artistas, fãs e merecemos ser ouvidos e respeitados.

Sabia que tem gente que estuda o nosso comportamento nas redes sociais? Sério! São "fantropólogos". JU-RO! Também achei estranho. Parece bobo ter pesquisador estudando o comportamento do fã. Mas sabe o que isso quer dizer? Que estamos fazendo barulho, que podemos deixar a nossa marca!

E com esse poder vem uma grande responsabilidade. Você pode estar lendo isso sozinho em casa, mas você faz parte de um coletivo poderoso que gosta muito de alguma coisa. E isso é lindo! Então procure conhecer quem está contigo nessa e utilize esse poder de comunicação para o bem! Podemos mudar o mundo para melhor, um pouquinho de cada vez. É sério! Mas cabe a nós começar.

Obrigada por ter lido até aqui e até o próximo livro, ou filme, ou episódio do seriado, ou evento, ou show... Bem, você entendeu!

AGRADECIMENTOS

Chegou a hora que faz a ficha cair e pensar: "Uau! Consegui! Publiquei meu primeiro livro. Cadê brigadeiro? Quero coca-cola!".

Sério, não foi fácil chegar até aqui e não teria feito isso sem um monte de gente.

Meus pais — aqueles que quando me chamavam para fazer alguma coisa, eu respondia: "Não posso! Tô escrevendo!", mas que apostaram no meu potencial desde sempre. Vocês investiram na minha educação e sempre me apoiaram em tudo, inclusive nos meus ataques de fangirl. Vocês são meus heróis!

Meus avós Cid, Emérita e Helena — Cid e Emérita, sei que vocês estão olhando para mim do Céu e dizendo: "Sabia que você conseguiria, santinha. Mas o que é fandom?". Vocês foram e sempre serão sinônimo de luz para mim. Amo vocês pra sempre! E vó Helena, obrigada por me apresentar aos filmes clássicos, aos musicais e ao *Pequeno príncipe*. Você é uma guerreira e minha inspiração!

Meus tios Frini (sim, ela tem o mesmo nome que eu!) e Luiz Eduardo — quem dedica livro aos tios? EU! Porque minha tia também é apaixonada pelo sr. Darcy e me entende quando surto por causa de livros. E porque o meu tio é uma figura e atura isso. Obrigada!

Meu tio e padrinho Wagner Montes, que me mostrou desde cedo a responsabilidade de estar atrás de um microfone. Não existem palavras para descrever o quanto você é importante para mim (mesmo sem conhecer profundamente o conceito do spoiler).

Meu marido, Rafael — que é prova de que nem todo homem incrível é fictício. Obrigada por aturar o tempo que fiquei trancafiada em casa escrevendo. Sei que você passou de nível em vários jogos do PS4 enquanto isso. Te amo!

Um beijo especial para Sueli Cabral, Mariana "Neni" Rezende, Carol "Krol" Pinho e aos *Knights*. Sem vocês na minha vida ela não teria nem sabor, nem risadas, nem... Olha um esquilo!

Meus professores — que sempre me inspiraram a mergulhar nas entrelinhas, em especial Leo DeJohn, meu guru literário que se foi cedo demais. Toque terror no Céu que aqui eu dou conta! ALIVE & LOUD!

A toda a galera do Clube do Livro Saraiva! Vocês são meu infinito, okay? Okay!

A toda a equipe incrível da editora Seguinte, que não só acreditou em mim, como editou o livro com tanto carinho e paciência. Diana, Nathália e Júlia, vocês me deram a oportunidade de realizar meu sonho! Com vocês, me sinto igual à Bela Adormecida, com três fadinhas incríveis! Mesmo a Malévola sendo diva, vocês são mais! Obrigada, obrigada, obrigada!

E a todos os fandoms e fãs que me abraçaram e que leram este livro: tem um pedacinho de vocês por aqui. Obrigada! Ser fã é muito bom, mas ser fã com vocês é melhor ainda!

RECOMENDAÇÕES DE LEITURA

Abaixo estão todas as obras mencionadas ao longo do livro (na ordem em que aparecem):

1. *Easy*, Tammara Webber
2. *O apanhador no campo de centeio*, J. D. Salinger
3. *O pequeno príncipe*, Antoine de Saint-Exupéry
4. *Fale!*, Laurie Halse Anderson
5. *Mentirosos*, E. Lockhart
6. *À procura de Audrey*, Sophie Kinsella
7. Série A Saga dos Corvos, Maggie Stiefvater
8. Série Perdida, Carina Rissi
9. Trilogia Peças Infernais, Cassandra Clare
10. Série Diários do Vampiro, L. J. Smith
11. Série A Seleção, Kiera Cass
12. Série Fallen, Lauren Kate
13. Série Academia de Vampiros, Richelle Mead
14. Saga Crepúsculo, Stephenie Meyer
15. Trilogia Jogos Vorazes, Suzanne Collins
16. *Entrevista com o vampiro*, Anne Rice
17. Série Harry Potter, J. K. Rowling
18. *Rei Arthur e Os Cavaleiros da Távola Redonda* (contada por vários autores)
19. *Por lugares incríveis*, Jennifer Niven
20. *Perdido em Marte*, Andy Weir

21. *Romeu e Julieta*, William Shakespeare
22. *Édipo Rei*, Sófocles
23. *Cem anos de solidão*, Gabriel García Márquez
24. *Graffiti Moon*, Cath Crowley
25. Série After, Anna Todd
26. *O poder do mito*, Joseph Campbell
27. Série Os Bridgertons, Julia Quinn
28. *Dangerous Books For Girls?*, Maya Rodale
29. *O Príncipe dos Canalhas*, Loretta Chase
30. Trilogia Cinquenta Tons de Cinza, E. L. James

Que tal listar algumas que não foram mencionadas?

1. Trilogia Morra por Mim, Amy Plum
2. Série Protetorado da Sombrinha, Gail Carriger
3. *O livro do cemitério*, Neil Gaiman
4. *Sr. Daniels*, Brittainy C. Cherry
5. *O Substituto*, Brenna Yovanoff
6. Série A Mediadora, Meg Cabot
7. Série Batidas Perdidas do Coração, Bianca Briones
8. *Como se livrar de um vampiro apaixonado*, Beth Fantaskey
9. *O histórico infame de Frankie Landau-Banks*, E. Lockhart
10. *O sol é para todos*, Harper Lee

Tá, parei! Boa leitura!

TIPOGRAFIA Gotham Rounded e Mercury
DIAGRAMAÇÃO Ale Kalko
PAPEL Pólen Bold, Suzano Papel e Celulose
IMPRESSÃO Gráfica Bartira, agosto de 2016

MISTO
Papel produzido
a partir de
fontes responsáveis
FSC® C105484

A marca FSC® é a garantia de que a madeira utilizada na fabricação do papel deste livro provém de florestas que foram gerenciadas de maneira ambientalmente correta, socialmente justa e economicamente viável, além de outras fontes de origem controlada.